Echoes of Bygone Days: The Former Residence of Duan Qirui

风云旧影
段氏宅邸

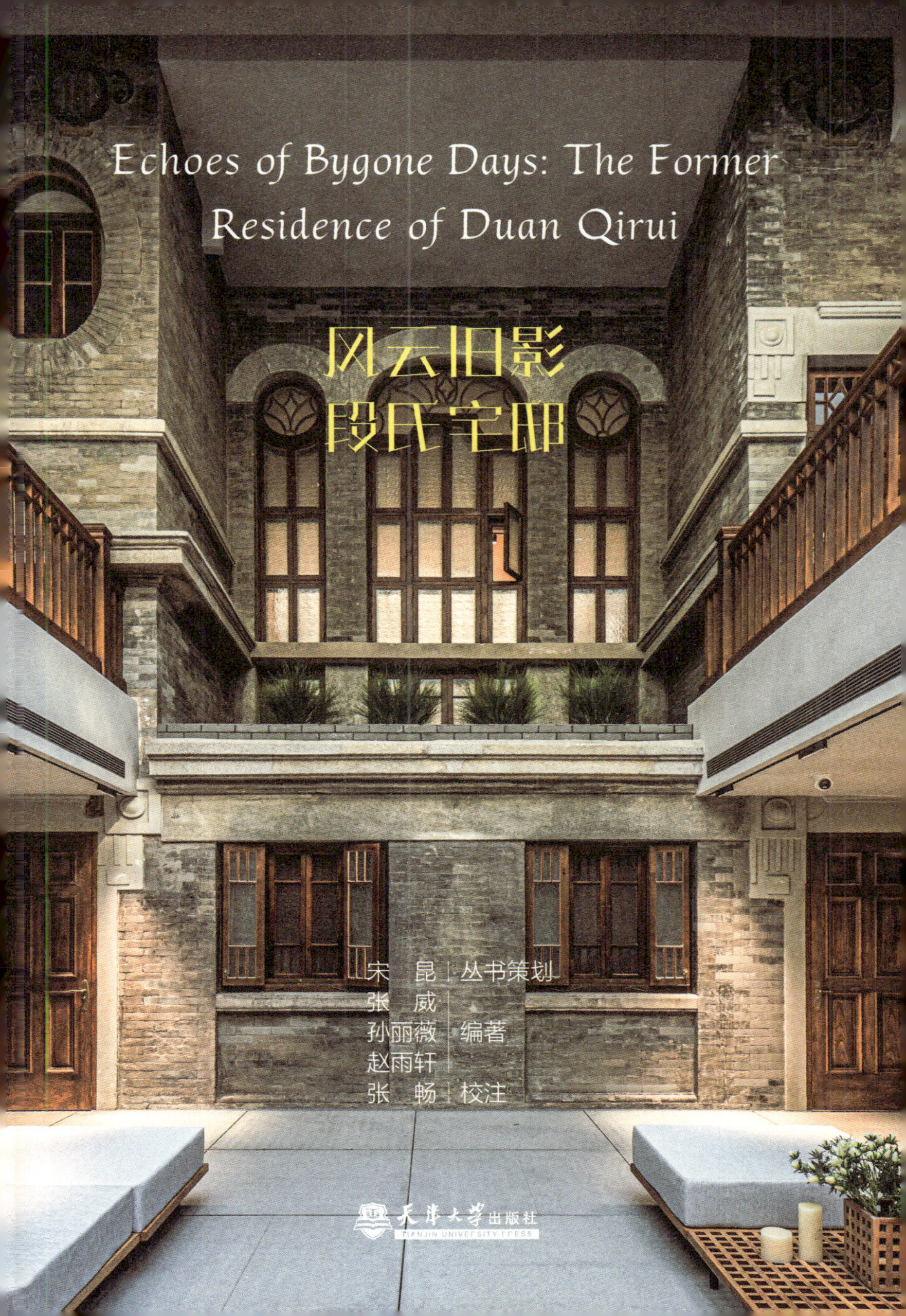

宋　昆 | 丛书策划
张　威
孙丽薇 | 编著
赵雨轩
张　畅 | 校注

天津大学出版社
TIANJIN UNIVERSITY PRESS

图书在版编目（CIP）数据

风云旧影　段氏宅邸 / 张威，孙丽薇，赵雨轩编著．
天津 ：天津大学出版社，2025．6．--（打卡津城）．
ISBN 978-7-5618-8050-0

Ⅰ．K928.712.1

中国国家版本馆 CIP 数据核字第 202518AQ31 号

FENGYUN JIUYING DUANSHI ZHAIDI

出版发行	天津大学出版社
地　　址	天津市卫津路 92 号天津大学内（邮编：300072）
电　　话	发行部：022-27403647
网　　址	www.tjupress.com.cn
印　　刷	廊坊市瑞德印刷有限公司
经　　销	全国各地新华书店
开　　本	787mm × 1092 mm　1/32
印　　张	7.25
字　　数	146 千
版　　次	2025 年 6 月第 1 版
印　　次	2025 年 6 月第 1 次
定　　价	68.00 元

“打卡津城”书系

丛书策划：宋昆

风云旧影 段氏宅邸

编著：张威　孙丽薇　赵雨轩

校注：张畅

顾问：唐文权　张维沂

英文：牌梦迪

摄影（除注明外）：杠言　刘悦　张畅　安红

鸣谢：融创华北发展集团有限公司

天津市城市规划学会城市影像专业委员会

段祺瑞公馆

序言
Preface

作为“国家中心城市”与首批五个“国际消费中心城市”之一，天津这座河海交汇处的千年码头，正以文旅融合为引擎，将历史文脉转化为消费动能，以九河下梢的地理基因为脉络，将蓟州长城戍边文化、运河商贸遗存、租界建筑美学、博物珍藏体系、非遗工匠精神与市井饮食哲学熔铸成多维度体验网络。从黄崖关的烽烟到滨海新区的霓虹，从独乐寺的晨钟到相声茶馆的笑声，这座城市以兼容并蓄的姿态，持续书写着传统与现代交融的文旅篇章。

始建于北齐的黄崖关长城，尚保留着明代戚继光重建的空心敌台；太平寨段依稀可见 1900 年抗击八国联军时留下的弹痕；八卦城的迷宫设计为长城孤例；梨木台野长城上，尚未开发的城墙上藤蔓交织，春季山花掩映着敌台残垣。

晨光中的独乐寺观音阁静立如初，建于 984 年的木构撑起 23 米高的信仰空间。站在观音阁的阴影下，抬头望去，16 米高的十一面观音俯视着人间，衣袂垂落如凝固的星河。

南运河、北运河、子牙河汇合而成三岔河口，是为天津城市发源之处。运河遗产廊道中的北运河文化带从三岔河口至武清段，保留了清代漕运码头遗址，沿岸分布 14 处闸坝遗迹。南运河畔的杨柳青古镇有元代会通河故道穿过。杨柳青年画是天津的一张亮丽名片，石家大院与年画作坊构成活态博物馆。

天津的母亲河——海河，是串起城市六百余年记忆的玉带。乘仿古画舫从三岔河口启航，两岸风景如历史长卷徐徐展开。永乐桥，得名于 1404 年朱棣渡河，如今“天津之眼”摩天轮在桥上缓缓旋转；金汤桥，是 1949 年解放天津战役中的胜利会师地；解放桥，每逢节假日灯光秀璀璨夺目，其盛况更胜 1927 年万国桥的车水马龙。

保佑海河上来来往往渔民船夫的天后宫是中国现存较早的妈祖庙，其元代基址与清代大殿共存。每逢天后诞辰，沿河船户、周边信众纷纷到来，各地商贾云集，热闹非凡，这也造就了天津最著名的商业街——宫南、宫北大街（今古文化街）的繁荣。

号称“万国建筑博览苑”的五大道历史文化街区，191.62 公顷内集聚四百余栋“小洋楼”，每栋洋楼都静默如一部立体史书。意风区的马可波罗广场上，和平女神像手握橄榄枝眺望远方，饮冰室见证了梁启超的报国情怀，河北区实验小学教学楼改造而成的钟书阁俨然成为新时期的文化地标。

国家海洋博物馆、天津博物馆、天津自然博物馆、北疆博物院……向人们讲述从远古到未来的沧海桑田。平津战役纪念馆、周恩来邓颖超纪念馆……向人们讲述发生在这里的红色故事。

体验非遗工坊里的手作时光，探寻与杨柳青年画齐名的泥人张彩塑、风筝魏风筝的活态传承密码；天津的相声、鼓曲，汉沽飞镲、庆云高跷、大沽龙灯等传统技艺焕发了新生。它们与独流老醋、沙窝萝卜、小站稻以及天津三绝、津味早点、津菜等舌尖上的非遗，共同构成了传统与现代共生的市井文化。

从蓟州长城到滨海新区，从运河船宴到津塔云端，天津正以文旅为纽带，将国家中心城市的战略使命与国际消费中心的市场活力深度融合。这座城市将六百年的历史厚度转化为消费新场景的广度——在博物馆的智能导览中，在非遗工坊的指尖技艺里，在煎饼馃子的市井烟火间，天津正以古今交融、中西合璧的独特气质，在京津冀协同发展的国家战略中，打造世界级文旅消费目的地。

天津最动人的风景，不在景点名录里，而在那些鲜活的相遇时刻。

带着这套“打卡津城”丛书——从天子渡口到烟火人间的深度行走指南，遇见那个将岁月化作艺术、将日子编织成段子的天津。

2025 年 7 月

旋转楼梯通往屋顶阳台

目录
Contents

引子 / 浮生暂寄梦中梦，世事如闻风里风　001

第一章　津门闲居 岁月留痕　007

1 / 吃斋念佛的生活　015

2 / “歪鼻子将军”背后的故事　018

3 / 段祺瑞与吴清源　021

4 / 麻将和台球　025

5 / 诗文和书法　028

6 / “六不总理”　032

7 / 平静中的暗流　044

第二章　铁马金戈 北洋旧事　049

1 / 段祺瑞与李鸿章　050

2 / 段祺瑞与袁世凯　058

3 / 段祺瑞与黎元洪　076

4 / 段祺瑞与冯国璋 092
5 / 段祺瑞与徐树铮 105
6 / 北洋落日：段祺瑞的末路悲歌 123
7 / 北极科考与《斯瓦尔巴条约》的隐秘棋局 134
第三章 总理府邸 杏坛育才 141
1 / 建筑风貌与历史价值 142
2 / 公馆变迁与时代印记 158
3 / 建筑修缮与保护传承 170
参考文献 212
段祺瑞大事年表 214

引子 / 浮生暂寄梦中梦，世事如闻风里风

Prologue / This fleeting life lingers as a dream within a dream, Worldly affairs drift like wind within the wind

在天津市繁华喧嚣、车水马龙的鞍山道上，静静地伫立着一座古朴典雅的百年洋楼。这座砖木结构的三层建筑，始建于1920年，有着欧洲古典建筑风格，是当时天津日租界最为豪华的私人公馆之一。它宛如从岁月深处走来的一位老者，身上遍布沧桑痕迹，静静地诉说着那段风云诡谲的历史。这所住宅是段祺瑞已故发妻吴氏之弟吴光新的房产，因为段祺瑞下野之后在天津大部分时间在此居住，所以被称为段祺瑞公馆。

当你轻轻跨过那道门槛，仿佛瞬间被拉回到了那个波澜壮阔的时代——那时的天津，就像是乱世中的一座孤岛，被时代的洪流冲刷激荡；王朝更迭、权谋算计、势力倾轧，种种错综复杂的故事轮番上演。这座建筑，就像是一个历史场景的缩影，将那些复杂的故事一一收纳其中。

公馆内，似有沉香袅袅、禅声悠悠。楼内房间宽大考究，那高耸矗立的罗马柱，支撑着悠悠岁月中的风雨沧桑；弧形的门窗，映透着旧时光里或明或暗的斑驳光影；曲折回环的走廊，引领我们一步一步探寻被岁月尘封的往事。公馆的建筑，宛如一座时间的档案馆，默默记录着每一次开场与落幕。每一道斑驳的痕迹，都是岁月留下的笔触，记录着过往的辉煌与沉寂。倾听这座建筑的低语吧，它在你脚下每一声“吱呀”的轻响，都是对往昔岁月的诉说，想要把那些尘封的故事讲给每一个走进这里的人听……

也许在某个角落，曾经有谋士们低声商讨着机密大事；也许那斑驳的墙面上，曾经闪现过当年军阀密谋的暗影。这里的每一个房间，都是一个历史的小剧场，曾经上演过它的主人亲手导演的一幕幕城头变幻大王旗的人间戏剧。

岁月迁延，四季更替，时光在不经意间改变了它的模样。近年来，这座承载着厚重历史的建筑进行了修缮工程，其昔日风采得以还原呈现。每一块砖瓦的修复，都是在回溯往昔的温度；每一道梁柱的加固，都是在续写曾经的故事。那些被岁月侵蚀的痕迹，在工匠们的巧手下逐渐淡去，而故居的风骨却愈发清晰。在建筑师的精心修缮下，古典与现代风格交融，这座承载着历史记忆的古老建筑，重新焕发出生机。推开厚重的木门，或许看到摄影师正为情侣拍摄浪漫的婚纱照；午后在二层檐廊品一壶香茗，茶香伴随着历史的痕迹，回味悠长；沿着重新修缮的木质旋转楼梯，小心翼翼地盘旋而上，来到屋顶的最高点，那曾经在 1976 年大地震中遭受损毁的八角凉亭，如今已旧貌换新颜，更

段祺瑞公馆二层檐廊

段祺瑞公馆主楼

具独特的美感。阳光透过屋顶那一圈环绕的窗户倾洒而下，给这个空间带来温暖和光明。如今这里已成为游客喜爱的拍照打卡点。

站在段祺瑞公馆的屋顶阳台，远眺天津市区的风景，感受今日城市的繁华与喧嚣。恍惚间，仿佛能看到那个风云变幻的时代，如同一盘诡谲多变的棋局，每个人都是时代棋盘上身不由己的一颗棋子，每一子落定，都映照出时代走向的深沉与莫测。

命运的指针，神秘而不可探……

段祺瑞公馆，依旧屹立在历史的洪流之中，承载着历史的记忆。

让我们一起走进段公馆，推开那紧锁的历史之门，邂逅往昔的风云旧影……

第一章 津门闲居 岁月留痕

Chapter One: A Secluded Life in Tianjin

木质的红色大门有些许褪色，可见时代沧桑。庭院略显寂寥，在权力旋涡中争斗、不甘、遗憾、枯荣的年年岁岁，早已在时间的流转中模糊不清。

当那幢气派的欧式建筑映入眼帘时，所有的荒芜感立刻被一种庄重感所取代。拾级而上，步步踏在历史的琴键上，往昔的乐章也就此奏响。入口处的双开大门厚重气派，雕着复古的花纹、嵌着磨砂玻璃，推门而入，一种置身于老电影中的感觉油然而生。

百年中国看天津，那些在近代史上声名赫赫的历史人物都曾在天津居住过，如溥仪、张勋、张学良、顾维钧、黎元洪、冯国璋……他们之所以选择天津，有着多方面的考虑。在风雨飘摇的乱世，天津各国租界，就像一顶顶保护伞，让他们的人身安全有了保障；天津与北京近在咫尺。京津之间，一封电报、一通电话之后，坐火车只需4小时即可抵达，比朝发夕至还快。对于北洋政府来说，前台是北京，后台就是天津。这里信息灵通，不仅可以方便地与国内各方势力交流意见，而且还有各国在津设

段祺瑞名刺

段祺瑞

天津市历史风貌建筑
历史风貌建筑简介

段祺瑞公馆大门

立的领事馆，便于对外联络以获得外国势力支持。就连末代皇帝溥仪在被冯玉祥逐出紫禁城后，也来到天津躲避并伺机复辟。表面闲居的军阀们时刻关注着北京的情况，准备一有机会就东山再起。用那句大家耳熟能详的话来说：“天津这个地方，情况太复杂了。”

段祺瑞的人生履历，与天津这座城市有着千丝万缕的联系。

1917 年 5 月 23 日，因“府院之争”，段祺瑞被北洋政府大总统黎元洪免去国务总理职务，离京退居天津，在意大利租界二马路 20 号的寓所内蛰伏了两个月。在此期间，段祺瑞并未真正退隐，而是通过电报电话与北洋军人往来，继续施加政治影响力。同年 7 月，张勋复辟，段祺瑞组织讨逆军，迅速平定复辟，重返北京政坛。

1920 年 7 月，段祺瑞在直皖战争中失败，北京政府由直系军阀控制。段祺瑞二次下野，开始寓居津门。他先是住在日租界的寿街（今兴安路），后搬到妻弟吴光新在宫岛街（今鞍山道）15 号的宅子。此次隐退，段祺瑞在天津度过了三年多表面上相对平静的时光，不过暗中仍在联络各派系，维持着自己的影响力。1924 年 10 月，奉系军阀张作霖联合冯玉祥在第二次直奉战争中将直系军阀曹锟、吴佩孚击败后，段祺瑞“审时度势”地接受了张作霖、冯玉祥的推举，返京出任北洋时代独此一例的“临时执政”。

1924 年中华民国执政纪念币，正面中央为段祺瑞肖像，背面镌篆书“和平”二字

日租界宫岛街（今鞍山道）

1926年，段祺瑞制造了三一八惨案，遭到全国人民的声讨。4月9日，鹿钟麟派兵包围北京段祺瑞府。4月20日，段祺瑞第三次下野，退居天津。段祺瑞举家迁至天津后，向全国通电“决定隐退”，此后他再也没有重出江湖。

1 / 吃斋念佛的生活

A Life of Vegetarianism and Buddhist Devotion

在天津的日子，段祺瑞的日常生活很有规律：早饭后，他或是读书，或是会见宾客；午饭后稍作休息，就下棋、作诗；晚饭后则以打麻将牌消遣时光。段祺瑞因为信佛吃素的缘故单独开伙，不与家人一同用餐。家人和客人都可以吃荤菜，而他自己则喜欢吃雪里蕻、辣椒、豆豉之类的素菜。段祺瑞吃素，却吃鸡蛋。为此，他专门养了几只母鸡，并且特意不养公鸡。在他看来，这样母鸡所下的蛋便是素的，没有杀生，可以放心食用。

经历了政治的大起大落，看尽了世间的纷争与喧嚣，他渴望在佛法的世界里寻求内心的平静。段祺瑞之所以拜佛，或许是直皖战争的失败令他心灰意冷，或许是从前军阀混战中的过多杀戮让他内心不安，又或许他这一次是真的心力交瘁了。

段祺瑞公馆中设有一间佛堂。每日清晨，他都会在那里虔诚地焚香诵经。可即使他躲在家中潜心学佛，外界的纷扰还是不断涌来。佛门之人纷纷慕名而来，这些僧人或许是听闻了他的名声，或许是想借助他曾经的高位来弘扬佛法，于是不断上门要为他说法讲经。段祺瑞原本就拮据的生活，因为要施舍银钱而更加捉襟见肘。在皈依佛门后，他给自己取法名为“正道居士”，从此，每逢初一、十五，无论天气如何，他都会前往庙里做法事。庙里的僧人都以大人物段祺瑞来做法事为荣。每每奉承他是菩萨转世。被奉承久了，段祺瑞也渐渐地觉得自己所以能身居高位多年，或许真的是菩萨转世。从此他对佛事愈加热衷。在前往庙宇的路上，他步伐坚定、十分虔诚，仿佛周围的一切都与他无关，他完全沉浸在自己所追寻的“佛缘”之中。

段祺瑞虽吃斋念佛，却并没有真正做到四大皆空。他的学生、旧部前往公馆拜访他，谈及当下国内局势，无不感慨：“如今国内生民涂炭，长此以往，国将不国了。今后要收拾这盘残棋，使老百姓能过个太平日子，还非老师东山再起不可！”每次听到这类恭维，段祺瑞虽然嘴上不置可否，脸上却会泛起一丝笑容。

2 / “歪鼻子将军”背后的故事

The Story Behind the "Crooked-Nose General"

在天津方言那充满生活气息、诙谐幽默的独特语境里，“气歪了鼻子”这样画面感极强的生动表达，其实就来自段祺瑞身上的一段掌故。

段祺瑞，身为民国时期叱咤风云的军阀，有着“北洋之虎”的名号。在表面荣光的背后，他却有一个极为特别的绰号——“歪鼻子将军”。

说起这个绰号的由来，还得追溯到段祺瑞的童年时期，那时候的他极其顽劣，有一回更是惹得父亲大发雷霆，挨了父亲重重一拳，鼻子就此被打歪。自那以后，他便落下个奇特的“毛病”，只要情绪激动、生气发怒，鼻翼两端的肌肉就会不自觉地僵硬紧绷，鼻子也随之歪向一边，非得用手仔细按摩，才能慢慢恢复原状。

在段祺瑞跌宕起伏的人生中，“气歪了鼻子”的场景不止一次上演。袁世凯妄图复辟帝制，将历史的车轮倒转。段祺瑞因此怒火中烧，鼻子自然也“不听话”地歪了。后来，他与总统黎元洪在权力的漩涡中激烈争夺，每一次的明争暗斗，都能成为让他气得鼻子歪斜的导火索。

最为痛心的一次歪鼻子事件，莫过于他的心腹爱将徐树铮被暗杀。得知消息的那一刻，段祺瑞如遭雷击，悲痛与愤怒这两种强烈的情感在他的内心交织碰撞，巨大冲击让他的鼻子又一次歪向了一旁。

后来，就连家中的琐碎烦心事，也能轻易触动他的情绪开关，引得鼻子“变形”。久而久之，“歪鼻子将军”这个略带调侃的绰号，便在民间悄然流传，成为人们茶余饭后一段饶有趣味的谈资。

某一回，段祺瑞与儿子段宏业对弈。段宏业落子布局间棋差一着，最终输掉棋局。段祺瑞见状，顿时横眉立目，厉声大骂:“下棋是雕虫小技，你连这方面也不行，真是没用！”时隔不久，父子俩再度摆开棋局，展开厮杀。段宏业毫不手软，把父亲“杀”得落花流水。段祺瑞又把鼻子给气歪了，把棋盘推翻，指着儿子狠狠地骂道：“你这小子，什么都不懂，就会胡下棋！”

3 / 段祺瑞与吴清源

Duan Qirui and Wu Qingyuan

说到段祺瑞与围棋，还有一段佳话。那是 1925 年春，11 岁的天才少年吴清源，经围棋大师顾水如引荐踏入段府。初出茅庐的吴清源，有着少年的无畏与纯真，世间的人情复杂，在他澄澈的眼眸中，不过是朦胧的幻影罢了。与段祺瑞对坐于棋盘两侧， 吴清源执黑先行，一步步将段祺瑞逼入绝境。段祺瑞难以抵挡吴清源的凌厉攻势，只得选择中盘认输，拂袖而去。

这一战，让段祺瑞颜面尽失。他将自己关在房内，整整一天，拒绝与任何人相见。众人纷纷责怪吴清源不通世事，受了段祺瑞的恩惠却让他如此难堪。此后，段祺瑞再见到吴清源，便不愿与他对局，但却大度地说："千金难动赤子心！"他看出吴清源在围棋上的天赋，认定他是可造之才，从此便固定每月资助他一百元。后来，吴清源在日本围棋友人的邀请下赴日深造，据说段祺瑞是他赴日经费的提供者。

1934 年，吴清源自日本归来，专程前往拜访段祺瑞。此时的段祺瑞，已不再是那个叱咤风云的政要，而是一位赋闲在家、历经沧桑的老人。再度相逢，二人眼中皆是感慨。一个是在围棋世界声名远扬的大师，一个则是从权力中心退身而出的老者，岁月在他们身上留下了截然不同的深刻痕迹。两人再次对弈，吴清源心怀敬意，主动提出执黑子。但段祺瑞却坚持认为，技艺不应被年龄和辈分所束缚，坚持自己执黑子。对局中，吴清源念及当年段祺瑞的知遇之恩与慷慨资助，有意相让。最终，

吴清源

他以微弱劣势输掉了比赛。这看似简单的输赢背后，实则是吴清源满心的感恩，绝非他真实棋力的展现。

之后，吴清源又回到日本。段祺瑞与蒋介石谈及此事，神情认真地说道："围棋，乃是我国国粹，应当大力倡导弘扬。吴清源年纪轻轻，便能取得如此惊人的成绩，堪称围棋界的天才。听闻他有加入日本国籍的打算，应当尽快将他召回，给予优渥的生活条件，让他能安心传授棋艺。否则，日本围棋日益强盛，我们便会在这古老的技艺上落后于人。"蒋介石表面上连连称是，可此事却飘散在风中，最终不了了之。

段祺瑞对吴清源的资助，就像一颗投入历史长河的石子，泛起的涟漪不仅改变了吴清源的人生轨迹，更在一定程度上推动了中国围棋的发展，在围棋史上留下了一抹独特而难忘的印记。

4 / 麻将和台球
Mahjong and
Billiards

除了下围棋，段祺瑞还热衷打麻将。有一回，在天津家中摆开牌局，三缺一的时候，他家人赶忙打电话邀约住在同一条街上的陆宗舆前来。牌局结束后，陆宗舆先行告辞。段祺瑞忍不住向身旁的人说：“这打牌虽说只是个消遣的游戏，却最能看出一个人的品性。就说这陆宗舆，打牌时那鬼鬼祟祟的模样，实在是让人厌恶至极。”旁人听后，不禁好奇问道：“既然您觉得陆宗舆是个品行不端的人，那过去为何还要重用他呢？”段祺瑞一听，连忙辩解道：“那是项城（指袁世凯）重用他，我可从未重用他。”可事实却并非如此。五四运动时期，陆宗舆担任币制局总裁，这一任命正是段祺瑞在担任国务总理时做出的。后来，由于曹汝霖、陆宗舆、章宗祥在五四运动中激起了滔天民愤，群情激愤之下，段祺瑞为了平息众怒，才不得不将陆宗舆撤职。

段祺瑞身边的亲信中，有不少人常陪他打牌。比如傅良佐，就因常陪段祺瑞打牌，深得其欢心。湖南督军一职空缺时，段祺瑞极力保荐傅良佐继任。人们常在背后议论傅良佐打牌打出个督军来。

段祺瑞的牌友，并不局限于政界，商界人士也有。银行界有个金三爷，便是段公馆的常客。他每晚打牌，即便输了很多钱，也是面不改色。牌局赌注大，赏给仆人的抽头自然也多。所以，段公馆里的仆人差役，个个都盼着金三爷常来。

段祺瑞住在天津的时候，除了围棋和麻将，还增添了一项新的爱好——台球。这张老照片上就是段祺瑞穿着长袍马褂手握台球杆正在打台球，神态悠然。台湾作家李敖在一档电视节目中说：“这个画面太有趣了，一个典型的中国老绅士在打西式的撞球（台球），只有那个时代才有那种画面。”

段祺瑞打台球

5 / 诗文和书法

Poetry and Calligraphy

段祺瑞少时曾在私塾读书，传统文化根基深厚。他的书法还是很有底蕴的。

段祺瑞平日最爱三件事——除了下围棋和打麻将之外，还有一项就是吟诗作对。下野后，段祺瑞亲自编撰了一本书，名为《正道居集》。书中多为自己的诗文、对联，还有亲友的赠诗。《正道居集》刊印不多，大都被其赠送友人。日本人占领北京之后，征了段家的宅子，其子女在匆忙处理家产时，将很多东西付之一炬，其中就包括不少段祺瑞的诗作及他与友人往来的书信。

段祺瑞留存的诗作虽不算丰富，但从仅有的几首中，也能窥探到他的心境与思想。比如他与李鸿章之子李经方关系不错，李经方观他与客人对弈后赠诗一首，他随即步其韵和了一首《和伯行韵》：

孜孜闻道惜分阴，国势飘摇虑陆沉。
颠倒是非偏鼓舌，踌躇枢府费机心。
纲维一破那如昔，虞诈纷争到直今。
恶贯满盈终有报，难欺造物见严森。

从诗中能看出，尽管是在弈棋休闲之时，他的诗句里仍透露出对国势的担忧，忧虑国家在飘摇局势中有陆沉之危，同时

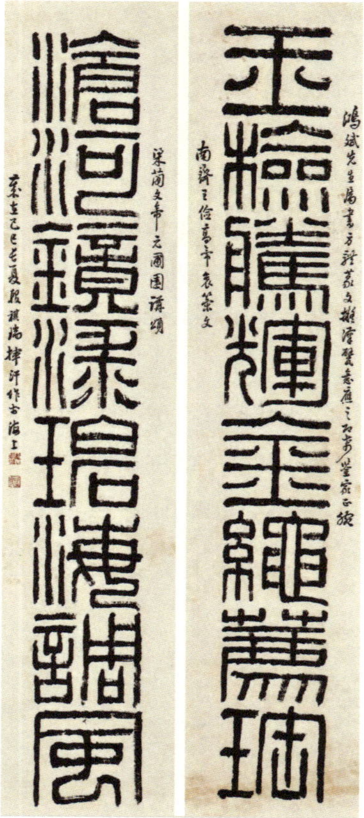

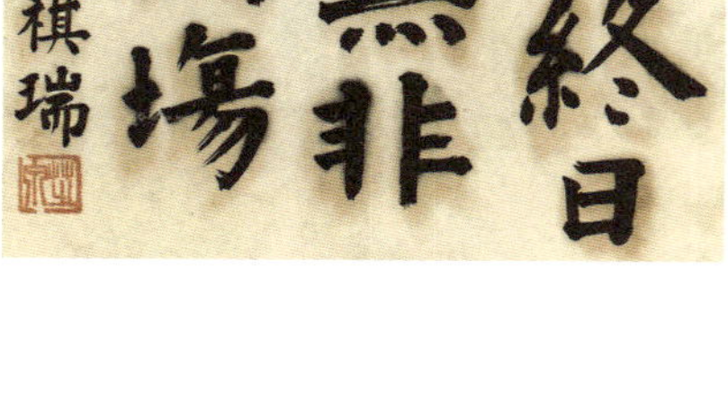

段祺瑞书法作品

也对当时朝堂上颠倒是非、钩心斗角的现象表示不满，还蕴含着他对善恶终有报的认知，体现出一种佛家轮回的思想，是他当时心境的表达。

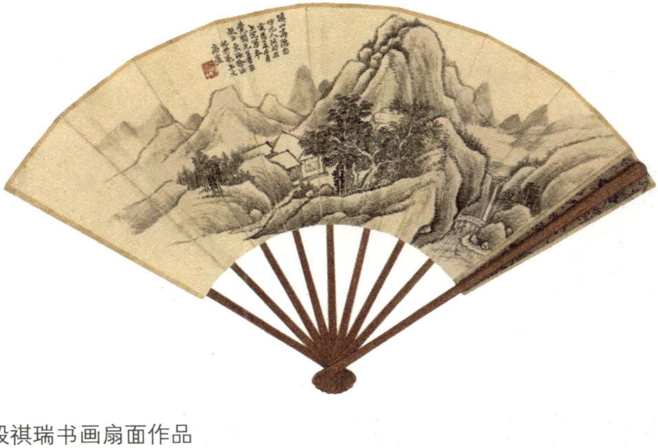

段祺瑞书画扇面作品

6 / “六不总理”

The "Six Noes Premier"

段祺瑞一生做人的信条是:“不抽、不喝、不嫖、不赌、不贪、不占”，因而被称为“六不总理”。下野后的段祺瑞，在生活上不得不开始精打细算，适度缩减开支。公馆里裁撤了不少佣人，留下的厨师、当差打杂和守卫，统共也就十来个人。曾经太太小姐们的房间里，有三四个佣人，如今也只剩下一两个人。剩下在公馆当差的，不是年老体衰，就是年纪尚小，人手总是不够。昔日部下看到老领导无人站岗放哨，都主动愿意当门卫和帮忙处理杂事，才使段公馆没有沦落到“黄叶满阶无人扫”的地步。

过去在北京，家务事皆由张夫人掌管，如今段祺瑞比以往更加在意开销细节。每月的日常花费，从柴米油盐到烟卷茶叶等琐碎物品，都要逐日逐项记录在账本上，每月账本还会呈送给他亲自查看。当时，他每月的生活费用和日常开销大约在五六百块钱，已然十分节省。

段祺瑞生性不爱敛财，因而也没什么家底，在北京的公馆还是袁世凯送给他的。段祺瑞在原配夫人过世后，娶了袁世凯的义女张佩蘅为妻，袁世凯以赠送礼物给义女为名，给了段家一栋房子。这栋房产的原房主之前与袁世凯打牌输了四十万大洋，才把房子抵押给袁世凯，但未交出房契。袁世凯去世后，房主的儿子拿着房契来找段祺瑞，要收回房子。段祺瑞见来人手中有房契，很快便带着一家人搬了家，他们在这栋房子里只

段祺瑞夫人张佩蘅（右一）

住了两年。

段祺瑞蛰居天津时，居于现今鞍山道 38 号的豪宅中。但鲜有人知的是这处奢华宅邸并非段家产业，而是前陆军总长吴光新的房产。吴光新是段祺瑞已故发妻吴氏的胞弟。吴光新 5 岁时，他的姐姐嫁段祺瑞为妻，他常出入段府，深受段氏喜爱。

在段祺瑞的培养与扶持下，吴光新一路仕途顺遂，平步青云。吴光新也深知自己能有今日，全赖姐夫段祺瑞的栽培，一直想找机会报恩。待自己在天津日租界的新建豪宅落成后，他没有丝毫犹豫，立刻恭请段祺瑞一家搬进去居住，以表自己的感恩之情。

吴光新

除了一生没有房产之外，段祺瑞也很少收礼。只有最亲近的下属和友人送来的礼物，他才会在其中挑选一两样最不值钱的东西留下，余者则悉数退还。有一次，江苏督军齐燮元送给段祺瑞一套镶嵌着各种宝石的屏风，五光十色，非常珍贵。段祺瑞的家里人都喜欢得不得了，盼望段能留下这件宝物。谁知第二天一早，段就派人将屏风还给了齐燮元。张作霖给段送来一些东北特产，并不值钱，但段祺瑞坚持不肯收。最后在张作霖副官一再恳求下，才勉强收下两条江鱼。只有一次例外，冯玉祥送来的一个大南瓜，段祺瑞只得全部收下，因为实在没有办法把南瓜再切一半还给冯玉祥。

段祺瑞治家严明，严令夫人、姨太太、子女都不得干预公事。

有一次，一位姨太太想替一个佣人的亲戚谋个差事，在段祺瑞面前求情。段祺瑞一听气得鼻子都歪了，怒斥道："你想卖官吗？得了人家多少钱，快说！"这位姨太太委屈得当场就流下了眼泪，但段祺瑞毫无怜香惜玉之情，又将她狠狠训斥一番才作罢。从此，家中再没有人敢向段祺瑞说情。

段祺瑞当官以后，合肥老家经常来人拜访，大都是想求他给谋个好差事。段祺瑞一概不予办理，只是好吃好喝地招待这些亲戚几日，然后给些钱将他们打发走。就连他的弟弟段启甫上门，他也是毫不讲情面。当时他已任国务总理，在政府里安排个差事是一件很简单的事，但段祺瑞认为段启甫不是做官的料，对他说："你不适合做官，还是给你一笔钱，回家做个买卖吧。"

一次，段祺瑞实在抹不开面子，为他的一个远房侄子谋了个军校勤杂工的工作。这个侄子没当几天勤杂工，很快被升为军需采办。看着经手的白花花银子，他很快便把持不住，手脚变得不干净起来。直到捞足了油水，他才想到这一切都是沾了族叔的光，于是决定登门拜访。

一进段府，这位侄子就看到一位妇女正和一个米贩子讨价还价。妇女虽衣着普通，但言谈举止很不一般，一看就是段府女主人。这个侄子不由得暗暗吃惊，想不到族叔做了那么大的官，家里买米还要如此斤斤计较。于是，第二天，他带着一辆大车来到段府，车上装满了米面油盐、鸡鸭鱼肉等。他向段祺瑞的夫人张佩蘅做了自我介绍，又说："以后我每月都来送食物，您再也不用和那些小贩讨价还价了！"临走前，他还特意嘱咐张佩蘅，不要将此事告知族叔，他早就听说段祺瑞不收礼，担心这些东西被送回。但是，张佩蘅岂敢隐瞒，当天晚上便将此事告诉了段祺瑞。段祺瑞听后，火冒三丈："这小子哪来这么多钱？还要每月都送！我倒要看看他这些钱是哪儿来的？！"

段祺瑞到军校视察，向学员们打听伙食问题。学员们普遍反映菜种单一，而且不新鲜，米也不好。他立刻叫来军需主任，劈头就是一顿臭骂。军需主任哆哆嗦嗦，嗫嚅道："这不关我的事，这不关我的事……"再问他，他又说不知道，气得段祺瑞吼道："不知道是吧，那就给我拖出去打 50 军棍！"这话果然见效，军需主任立刻供出段祺瑞的侄子，段祺瑞叫人把他侄子绑了来，"赏"了他 100 军棍。幸亏执行人手下留情，这个侄子才保住性命，但因此落下终身残疾。打完侄子，段祺瑞不顾别人劝阻，进入禁闭室，不吃不喝地在里面待了整整两天，以惩罚自己任用了亲戚。这虽有作秀成分，但是慈不掌兵，如果不能严于律己的话，也不能服众。

段祺瑞虽然御下甚严，但是对家中老仆却非常体恤。当年跟随段祺瑞祖父段佩的几个老仆人，多年后被段祺瑞接到府上干些轻松的工作，实为照顾养老。其中有一个叫邢宝斋的人，

1924 年 11 月 24 日召开“天津会议”时在段府的合影。左起：梁鸿志、冯玉祥、张作霖、段祺瑞、卢永祥、杨宇霆、张树元。站立者为吴光新

老照片拍摄位置今景

他每次提到段祺瑞的时候，常说段祺瑞小时候一天到晚鼻涕邋遢。邢宝斋看不上他，那时骂他："你这叫什么少爷啊，一点儿都不爱干净！"邢宝斋常跟公馆里的人说这事，有的人听烦了，便反诘道："你不是看不上他吗？可人家如今干出了一番惊天动地的大事业，你现在还在给他买笤帚！"邢宝斋被堵得很尴尬，只好结结巴巴地说："我哪知道他有这一天啊，我要知道，当初也对他好点啊！"

虽然年轻时有留洋经历，但是段祺瑞素来不修边幅，此习惯从少至老未改。居家时他穿便服，经常身着长衫，头戴瓜皮帽。即便他出门穿上军装或礼服，可是无论多么考究的衣服，穿在他身上，就变得褶褶皱皱的，只见随意和散漫，有时西服领带歪在一边，可以说是相当的不修边幅。在军阀政客当中，段祺瑞算是异常朴素的了。不过，多年掌兵形成的气场，不怒自威，加上身边总有健壮的侍卫荷枪随侍，即便衣着朴素，也无人敢轻慢于他。

段祺瑞素来以不好女色著称，从来不去青楼寻欢作乐。不过那个时候的成功人士不免三妻四妾，段祺瑞也不能免俗，前后共有两任妻子五房妾室。

段祺瑞的第一段婚姻，是祖父在他 3 岁时为他定下的娃娃亲。原配吴氏，出身书香门第。只可惜红颜薄命，吴氏年纪轻轻就去世了，留下一儿一女。她的弟弟吴光新后来靠着段祺瑞

段祺瑞

的关系在北洋集团中扶摇直上，先后担任过陆军总长、训练总监等职，官至陆军上将，也是皖系集团的骨干之一。

段祺瑞第二位夫人叫张佩蘅，出身官宦之家，后来袁世凯的大太太于夫人把她收为义女。袁世凯在段祺瑞原配去世以后，为了拉近两人关系，就把张佩蘅许配给了段祺瑞。张佩蘅是个贤惠的妻子，勤俭持家，为人正派。但是张佩蘅有抽大烟的嗜好，每天必定要吞云吐雾一番。段祺瑞虽然对大烟极为反感，也只能睁只眼闭只眼。

张佩蘅未能生育儿子，于是为段祺瑞纳了五房妾，分别是陈氏、边氏、刘氏、刘氏和李氏。五个姨太太中，后三个出身都不是很好，都是张佩蘅买回来的，因此下人们私下都有些看不起，背地里叫她们刘三、刘四、李五。段祺瑞穿衣吃饭都不讲究，为人又刚愎自用，脾气大，治家严，年轻的姨太太们跟他的感情就可想而知了。

段祺瑞下野第二年赴大连疗养，随行的有张佩蘅和二姨太。大天津到处是灯红酒绿、纸醉金迷的地方，留在家里的几个姨太太没了管束，又哪里禁得住寂寞，常常打扮得花枝招展，偷偷溜出去看电影、听戏、划船、逛市场，常常半夜三更才回公馆，惹出了不少风流韵事，给段祺瑞戴了好几顶绿帽子。

段祺瑞返回天津后，很快发觉三姨太红杏出墙。他怒不可遏，当即吩咐将三姨太送回在北京的娘家。不久，又发现四姨

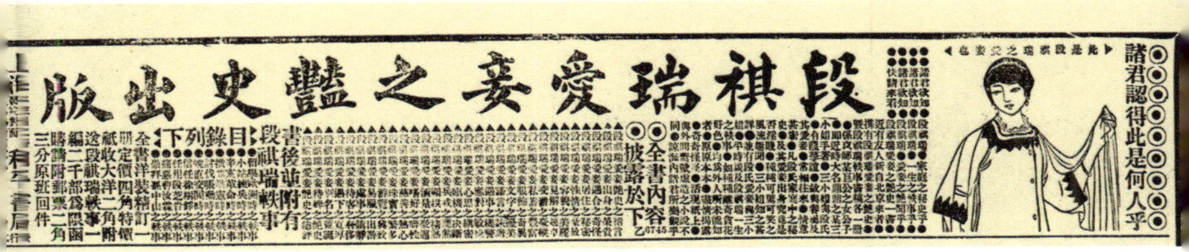

1920 年 9 月 2 日《新闻报》刊登的和平书局出版《段祺瑞爱妾之艳史》的广告

太进入段府之前就有意中人，嫁给段祺瑞之后依然旧情难忘，时常与意中人幽会。段祺瑞听说此事后暴跳如雷，在家里发了一通脾气。冷静下来后，他也不想再留这个姨太太了，于是吩咐夫人，将四姨太嫁给她的意中人，也算给这段纠葛画上一个句号。作为身居高位的大军阀，段祺瑞的做法在当时算是非常“慈悲”了。

7 / 平静中的暗流

Undercurrents Beneath the Calm

作为一个军阀政客，归隐之举往往并非所愿，更多的是一种权宜之计。隐退不过是以退为进，静待时机，甚至卧薪尝胆。段祺瑞在天津的日子，表面上看是吃斋念佛，棋画养心，事实上，他的内心却暗流涌动，时刻寻找机会，意图东山再起。

1926 年三一八惨案后，段祺瑞背上了沉重的罪孽，命运的天平似乎也不再向他倾斜。失民心者失天下，民众的愤怒如浪潮般向他卷来。此时的他，似乎真的走到了悬崖的边缘，面临着注定的失败与沉沦。

下野之后，段祺瑞曾经试图联系溥仪，希望借助其影响力，实现“合作再起”。但段祺瑞和溥仪就是谈不来。虽然两人在天津住在同一条街（旧宫岛街，今鞍山道）上，彼此之间一开始是斜对面的邻居（溥仪住在张园时），后来隔着五个小路口（溥仪搬到静园后）。但是，两个曾经高高在上的人，一个摆着皇帝的谱，一个端着元首的架子，双方之间的鸿沟难以逾越，所谓“话不投机半句多”，也不过如此了。

向段祺瑞递来淬着毒药的鲜花的，是日本的说客。九一八事变后，日本急于在中国的政治舞台上寻找适当的人物做他们的傀儡。于是不断有日本人登门拜访，邀他出山。段祺瑞拒绝不出。日本人来得多了，段祺瑞手下的一些亲信如王揖唐、梁鸿志（两人后成为大汉奸，抗战胜利后被处决）等人利欲熏心，希望段祺瑞借助日本人的势力东山再起，便极力怂恿。段祺瑞

段祺瑞公馆所在区域示意图（赵一铭、杜千禧 绘）

从段祺瑞公馆楼顶露台上眺望张园

却说：“我很清醒，不要被日本人牵着鼻子走。”

日本特务半说服半挟持溥仪从天津逃到东北，于 1932 年 3 月建立了伪满洲国。这一消息让段祺瑞深感不安。他意识到，自己可能成为日本人的下一个目标。为了避免被胁迫沦为傀儡的命运，他决定接受蒋介石的邀请，南下颐养天年。1933 年 1 月 21 日凌晨，段祺瑞由妻弟吴光新、旧部魏宗瀚、侄子段宏纲陪同，迎着寒风登上火车，秘密离开天津，结束了他下野后在天津的隐居生活。

第二章 铁马金戈 北洋旧事

Chapter Two: Iron Hooves and Golden Spears, Tales from the Beiyang Era

1 / 段祺瑞与李鸿章

Duan Qirui and
Li Hongzhang

李鸿章可以说是段祺瑞的第一个贵人。

段祺瑞 1865 年 3 月 6 日出生于安徽六安，几年后，全家迁到安徽合肥乡下。算起来，他和李鸿章是老乡。世人称李鸿章为“李合肥”，后来也称段祺瑞为“段合肥”，这种同乡关系为他以后的仕途发展增添了不少助力。不过，李鸿章对段祺瑞的扶持，并非仅仅基于同乡之谊，二人之间还另有一层渊源。

当年太平天国起义的时候，李鸿章追随曾国藩奉命组建淮军。段祺瑞的爷爷段佩当时办团练镇压捻军，但是因为没有靠山，一直都只能在自己的家乡小打小闹。段佩一直在等待一个机会。李鸿章招募淮军的消息传出去之后，段佩敏锐地察觉到这是个机会，遂投靠李鸿章，希望借此建功立业、谋得功名。加入淮军效力的段佩，在军中数次立功，得到李鸿章赏识，获得“巴图鲁”（满语中“勇士”的意思）称号，还被提拔做了总兵。可惜发迹不久，1879 年，段佩突发疾病，死于军中，段家自此家道中落。1881 年，年仅 16 岁的段祺瑞，带着仅有的一块银圆，历时数十天，跋涉两千多里，从安徽一路走到山东威海，投奔在军中担任管带的族叔段从德。

李鸿章为了发展洋务运动，急需培养选拔大批有用人才。1885 年，时任直隶总督的李鸿章在天津创办北洋武备学堂（也称天津武备学堂），培养掌握现代军事科学知识的军人。20 岁的段祺瑞凭优异成绩考入这所学堂，成为学堂里的第一期预

李鸿章

备生，被分到了炮兵科。他的传奇人生从此开始。在学堂学习的那段日子里，段祺瑞既展现出天资聪慧的禀赋，又秉持勤勉刻苦的态度，每次全校考核均名列前茅。

1886 年，李鸿章亲临天津武备学堂考察。学堂为此精心筹备了一场涵盖马、步、工程各科的综合汇报演练，旨在全方位展示学生们的学习成果。马科、步兵科的演练十分顺利，李鸿章很高兴，大谈“强军才能强国”的道理，兴致勃勃地说从这次演练中看到了新军的希望。炮科演练的内容是炮击海面活动的浮靶，这不仅考验学生们的专业技能，更考验他们的心理素质。这时候，乌云密布，下起雨来，海上风力逐渐增大，接着翻起了浊浪。浮动靶子在波峰浪谷中剧烈地晃动。演练冒雨开

1900 年八国联军入侵天津时被摧毁的武备学堂

始，学生们依次进行操作。面对李鸿章这位在晚清政坛举足轻重的人物，学生们难免心生怯意。首轮炮击，炮弹便落空，后续几炮也是状况百出，全部落空，现场气氛陡然变得紧张压抑，李鸿章的脸色也变得阴沉，甚至生气地站起身来。轮到段祺瑞指挥的小组登场时，只见他神色镇定，有条不紊地发出指令。“轰”的一声巨响，精准命中浮靶！紧接着，又是“轰轰”两声，炮弹接连命中，弹无虚发！李鸿章的脸上终于露出了笑容。

李鸿章素来重视乡党，在几十年的为官生涯中，他对安徽同乡格外重用。从学堂教员口中得知，这位表现惊艳的指挥员段祺瑞，不仅是合肥人，而且他的祖父和族叔均是淮军将领，他的祖父段佩还曾跟随自己围剿捻军，屡立战功。听到这些信息，李鸿章对这个旧部子弟愈发感到亲近了。随后，李鸿章当场考问了一些军事问题，段祺瑞思维敏捷，对答如流。李鸿章兴奋不已，击节称赞，当即夸奖段祺瑞熟知军事，俾易造就，是一个可用之才，由此对他寄予了极高的期望。当时，李鸿章一方面要对付朝廷的保守派势力，另一方面要应对洋务派内部的竞争，必须不断扩充自己的实力，因此他特别注重对同乡青年才俊的提携栽培。于是，李鸿章命令手下人记下这个年轻人的名字。1887 年，李鸿章亲赴天津主持了武备学堂第一届学员的毕业考试，段祺瑞以最优等的成绩毕业，随即被派到旅顺去监督修建炮台。

在洋务运动期间，清政府在李鸿章等人的建议下，确定了师法德国陆军的方针。1888 年冬，李鸿章准备选拔五个人去德国学习军事。当赴德名单呈送至李鸿章面前时，他的目光在名单上缓缓扫过，眉头微微皱起：名单上五个人中有三个是山东籍，安徽籍的只有两人。沉思片刻，他大笔一挥，将其中一名山东籍学生的名字划掉，把段祺瑞的名字加上，并且列在名单之首。这看似轻描淡写的举动，实则为段祺瑞的仕途进阶铺就了更广阔的通道。

德国埃森梅喷射击场，摄于 1890 年。左一为德国教习瑞乃尔，右二为段祺瑞。余者为商德全、吴鼎元、孔庆塘、滕毓藻

李鸿章又特批这位小同乡一人留在德国克虏伯兵工厂实习深造。他还先后两次写信给段祺瑞，勉励他“精学苦造”。

段祺瑞的成长固然得益于李鸿章的提携，但是其自身的才能和努力才是最重要的。学成回国后，段祺瑞经历了 1894 年甲午中日战争的洗礼，在威海随营任教官，并且与学生一起亲赴战场抗击日军。

多年以后，段祺瑞为了报答李鸿章的知遇之恩，将大女儿段式萱嫁给了李鸿章六弟的孙子李国源，进一步加深了两家的关系。这种婚姻纽带不仅延续了两家人的友谊，也进一步巩固了他们在政治上的影响力。其实那时李家已经开始衰落，而段家势头正盛。但是，段祺瑞毫不犹豫地选中了刚从英国麦伦斯科学院毕业的李国源为婿，而且还是在没有见过其本人的情况下做出的决定。当时李国源的父亲早已去世，只有其母丁氏勉力支撑家庭。两人成亲后，段祺瑞很喜欢这个女婿，因李国源学问好，又有英国绅士派头，回国后就被安排进入外交部任参事，后来还曾出任驻仰光代理总领事。20 世纪 20 年代中期，段祺瑞从政坛隐退之后，李国源也率家小回到安徽芜湖。抗战时期，他举家避往香港，太平洋战争爆发前夕，又转到上海。他与段家小姐婚后育有一儿一女，长子李家曜，女儿李家明，生活堪称美满。可惜好景不长，年纪轻轻的段式萱不幸感染重病难以医治，很快就离世了。

克虏伯兵工厂内景

克虏伯兵工厂由克虏伯家族创办，其家族企业克虏伯公司是德国最大的以钢铁业为主的重工业公司。在二战以前，克虏伯兵工厂是全世界最重要的军火生产商之一，二战后以机械生产为主。

2 / 段祺瑞与袁世凯

Duan Qirui and
Yuan Shikai

天津小站，是北洋军的发祥之地。小站原名新农镇，铁路修筑后，此地成为天津东站到塘沽火车站中间的一个小站，因此人们逐渐淡忘了“新农镇”，而习惯称之为“小站”。小站靠近渤海，交通便利，地势开阔，是屯军练兵的理想场所。

1896 年初，段祺瑞随袁世凯到天津小站编练新军，任炮兵营统带兼炮科班监督和总教习。这支炮队拥有速射炮、重炮等共约 60 门，战马 474 匹，官兵总计 1523 人，是中国历史上第一支正规化的炮兵部队。小站练兵为袁世凯培育了一批人才，这些人成为袁世凯北洋军事政治集团中的主要力量。后来人们把从小站走出的段祺瑞与冯国璋、王士珍并称“北洋三杰”。其中，段祺瑞因性格刚直，有“北洋之虎”之称。

此后，段祺瑞跟随袁世凯南征北战，官职也不断升迁。1899 年，段祺瑞随袁世凯赴山东镇压义和团。袁世凯对其才能颇为赏识，遂千方百计地笼络这位得力干将。1900 年，段祺瑞的原配夫人吴氏不幸离世。1901 年，袁世凯把他大太太的干女儿张佩蘅嫁给他，从此段祺瑞成了袁世凯的干女婿，两人又添一层姻亲纽带，彼此联系愈发紧密。

在袁世凯的提拔下，段祺瑞平步青云。1901 年，袁世凯升任直隶总督兼北洋大臣，段祺瑞也随之水涨船高，先后担任北洋军政司参谋处总办、练兵处军令司正使等重要职务。在练兵处，段祺瑞参与制定了一系列军事制度和训练章程，为北洋

袁世凯

新军的正规化建设做出了重要贡献。他还负责训练多支北洋新军部队，培养了大批优秀的军事人才，这些人日后成为他在政治和军事上的主要支持力量。

1902 年段祺瑞因镇压直隶广宗、威县反洋教团的“业绩”，被清政府赏戴花翎，并嘉封为“奋勇巴图鲁”。1905 年，北洋新军在河间举行秋操，段祺瑞担任北军总指挥官。作为北军总统官，他率领第一镇、第三镇和第六镇约 2.2 万余人参与演习，与南军（由第四镇、第五镇等组成）展开对抗演练。秋操中，段祺瑞指挥有方，展示了北洋新军的强大实力和高超素养，获得各方的高度评价。这次秋操不仅提升了段祺瑞在军界的威望，也进一步巩固了他在袁世凯心目中的地位。此后，段祺瑞历任北洋陆军第四镇、第六镇统制，江北提督等职，成为北洋新军中举足轻重的人物。

段祺瑞在北洋军的十年，不仅提升了军事指挥才能，也在袁世凯的身边学到了“架桥铺路”的政治谋略。他明白了培植羽翼的重要性，此后在担任教习督学等职务时，有意将众多学生纳为亲信弟子。段祺瑞来自安徽，北洋军中他的门生部下所形成的政治集团便被称为“皖系”。

1911 年武昌起义爆发之后，南方诸多省份宣告独立，革命势头汹涌发展。1912 年 1 月 26 日，在袁世凯授意下，段祺瑞等北洋军五十位将领联名发布《北洋五十将乞共和电》，向隆裕太后逼宫。之后，段祺瑞又发表《乞共和第二电》，直接挑明“谨率全军将士入京，与王公剖陈利害”，以武力恐吓隆裕太后。没有什么政治手腕的隆裕太后经过一番权衡，在2月12日颁降懿旨，接受袁世凯对清王室的优待条件，宣统皇帝退位。至此，清王朝结束了268年的统治。孙中山履行此前对袁世凯的诺言，即刻向参议院请辞。1912年3月10日，袁世凯在北京就任临时大总统。段祺瑞也因推翻大清有功，被视为“一造共和”的英雄，不久被任命为陆军总长，执掌戎机。

1913年秋，在袁世凯镇压“二次革命”后，京城中复辟帝制的舆论甚嚣尘上。为此，段祺瑞曾当面询问袁世凯，此事是否属实。在段祺瑞看来，袁世凯不至于如此糊涂，毕竟复辟不得人心，倒行逆施会引起动乱，袁氏本人也会成为历史罪人。在得到袁世凯的断然否定后，段祺瑞稍稍放下心来。

其实，对于复辟帝制，袁克定比袁世凯狂热得多。帝制世袭，如果其父做了皇帝，长子即为皇储，袁大公子想做太子想得发狂，挖空心思也要把袁世凯推向复辟之路。袁克定曾在骑马时不慎摔伤，因医治不及时而落下病根，走路有些跛。1913年9月，袁克定赴德疗养腿疾。在德国，他拜会了威廉二世。这位德皇野心勃勃，不断试图在远东扩张势力范围。威廉二世在欢迎宴会上大肆鼓吹中德亲善提携，妄言“中国现在搞的共和制，不适合中国国情”，吹嘘“中国要想发达，必须向德国

民国第一届内阁成员合影，摄于 1912 年 3 月 30 日。前排左起：蔡元培、王正廷、刘冠雄、胡惟德、唐绍仪；后排左起：宋教仁、施肇基、段祺瑞、王宠惠、魏宸组

学习，非帝制不能发达，不能自强”，并请大公子回国后转告大总统，中国要恢复帝制的话，德国一定尽力相助，在外交上支持袁世凯称帝。袁克定闻言大受鼓舞。于是，他怀揣皇帝梦回国，在家中刮起了一阵“德国旋风”，给自己和诸弟都定做了一套威风凛凛的德式亲王将校服，并以“太子”自居。那段时间，袁克定成了最为忙碌的人，出谋划策，穿针引线，竭力

段祺瑞公馆一层门厅

投身到支持其父称帝的活动中。

袁世凯一向被西方国家看好，他本人也与英美关系不错，而阻力主要来自日本，所以他特别关注这个东瀛岛国的发声。袁克定看准苗头，浑水摸鱼，开始了他的政治冒险。当时北京有一份报纸叫《顺天时报》，是日本外务省在京出版的华文报纸，其言论多代表其政府立场，因此袁世凯公务之余必然翻阅此报，随时了解时事动向、观点看法，以便见机行事。为了使袁世凯早日下定实施帝制的决心，袁克定竟然想出一个荒诞无比的馊主意。他不惜耗资三万大洋，雇了一班笔杆子，每天造一份假的《顺天时报》进呈，专供其父阅读。文章多由他精心组织，刻意打造，几乎都是全国各界赞成袁世凯做皇帝的内容，当然也包括“日本支持改行帝制”之类的消息。在白纸黑字、巧言偏辞面前，袁世凯很快迷失在国民坚决拥护其称帝的美梦中，仿佛已触摸到九五之尊君临天下的皇帝大位。

但好景不长，东窗事发。据袁家三小姐回忆，一天，她的一个丫鬟回家探

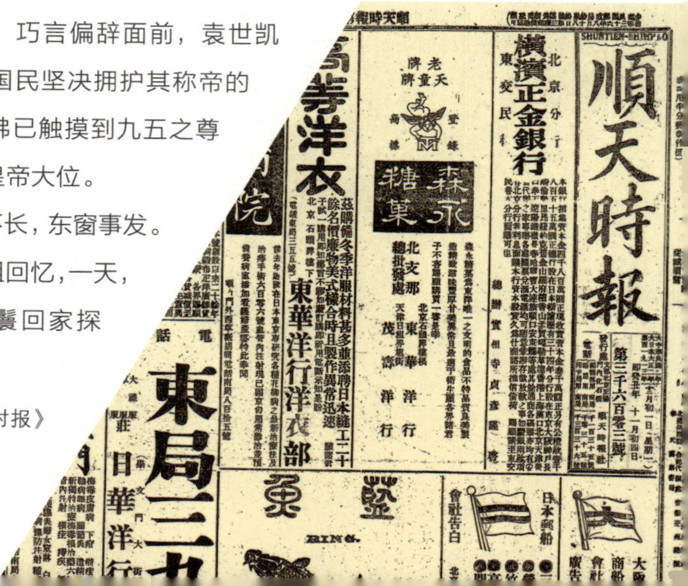
SHUNTIEN-SHIHPAO
順天時報
第三千六百零三號
橫濱正金銀行
北京分行
老天寶牌
森永糖菓
東華洋行洋衣部
東局

真正的《顺天时报》

望父亲，她当时最爱吃五香酥蚕豆，便让丫鬟买些带回来。这个丫鬟买了一大包，是用整张真正的《顺天时报》包裹着的。她吃蚕豆时，无意中发现了惊天秘密：这张前几天出版的报纸，竟与她数日前所看到的论调不同。她甚觉奇怪，于是赶忙找出同一天的报纸加以比对，结果发现日期虽同，但内容有异。她找到二哥袁克文问及此事，二哥言称，他在外边早已看见和家中不同的《顺天时报》，只是不敢对父亲明说。他问妹妹可有这个胆量。个性叛逆的三小姐极不赞成帝制。当晚，她拿着这张报纸去禀告父亲，袁世凯看后问报纸从何而来，她如实道出。袁世凯这才恍然大悟，自己被骗了。他对袁克定的卑劣之举气愤至极，次日把他找来狠狠用鞭子抽了一顿，一边打一边骂他“欺父误国”。老谋深算的袁世凯，当真就那么不辨真假、轻易上当了吗？其实他是被儿子探查到了内心深处的欲望，由衷地愿意相信谎言和假象罢了。不过，事已至此，既已迈出奔向帝制的这一步，袁世凯只能一条道走到黑了。

1914 年 5 月，袁世凯颁布《中华民国约法》，废除了责任内阁制，确立大总统为行政首长和陆海军大元帅，并在总统府设立政事堂作为最高行政机构，设立陆海军大元帅统率办事处作为最高军事机构。这样一来，政事堂和统率办事处成为他统治国家的两大重要抓手，削弱了陆军部的权力，也就是削弱了段祺瑞的权力。

1914 年 5 月 4 日《新闻报》刊登《中华民国约法》

1915 年，袁世凯称帝的野心日益膨胀，他的一系列举动引起了社会各界的广泛关注和反对。此时的段祺瑞，尽管已被袁世凯边缘化，但他很清楚袁世凯的称帝之举是违背历史潮流的，必将引发国家的动荡和混乱。为了劝阻袁世凯，段祺瑞接连五次登门拜访，试图说服他放弃称帝的念头。段祺瑞诚恳地对袁世凯说：“祺瑞自小站跟随总统鞍前马后，将近 20 年。总统知遇之恩，祺瑞没齿难忘。如今，国势危殆，倘有变动，后果不堪设想。祺瑞无知，亦诚可鉴，望大总统三思！”段祺瑞表明自己坚决反对恢复帝制的立场。然而，袁世凯此时已被称帝的欲望冲昏了头脑，几乎到了疯狂的地步，根本听不进段祺瑞的劝告。他不仅对段祺瑞的意见置之不理，还对他产生了更深的猜忌和不满。最后，袁世凯索性不再接见段祺瑞，拒绝其登门。

1915 年，日本趁袁世凯欲行帝制，提出灭亡中国的“二十一条”，以此作为支持其称帝的条件，强化在中国的侵略权益。袁世凯为了一己私欲，准备签约，换取日本赞同帝制。同年 5 月 2 日，袁世凯亲自主持会议，讨论签约事宜。段祺瑞盛怒难压，拍案而起：“小日本欺人太甚！如此条件过于苛刻，绝对不能接受！”

眼见劝阻袁世凯毫无作用，段祺瑞以陆军总长的名义，领衔十九省将军通电，称“天下兴亡，匹夫有责”，表示坚决反对“二十一条”，甚至不惜与日本决一死战。冯国璋亦通电中央，表示：“凡欲破坏吾国领土之完全者，吾辈军人必以死力拒之。”

袁世凯不顾北洋将领以及全国各方面反对，于5月下旬与日本签订了“二十一条”。而袁克定竟然在此时混淆视听，将一盆污水泼到段祺瑞头上，公开对外宣称：“政府之所以向日本屈服，是因为陆军不能打仗，段总长亲口说，一旦打仗，三天之内便可亡国。陆军如此无用，政府能不接受日本的被迫条件吗？”明明是为了称帝邀宠于日本，出卖国家主权，却说成是陆军无用接受日本不平等条约，把段祺瑞气得鼻子都歪了。

后来随着复辟的推进，许多反对袁世凯称帝的官员、将领都违心地改变了态度。有人好心劝段祺瑞，违心地表示一下“劝进”，改善他与袁世凯的关系，否则他的日子会越来越不好过。段祺瑞说：“我当年曾发采取共和之电，如今又拥护项城登基，国人其谓我何？且恐二十四史中，亦找不出此等人物。所以，论公，我宁死也不参与；论私，从此只有退隐，绝不多发一言。”

袁世凯得知段祺瑞如此态度，也不装了。他对段祺瑞说：“你脸色不好，是不是有病？要注意休息。”段祺瑞见事已至此，索性以身体不适为由请辞。袁世凯假意挽留，没有立即批准其辞职，只是批准休息两个月，但在段祺瑞辞职当天便任命王士珍暂代陆军总长。两个月期限一到，便迫不及待地正式免除了段祺瑞陆军总长的职务。

段祺瑞被免职回家养病后，袁世凯一边派人暗中监视，一边送医送药，并经常派人给段祺瑞送去鸡肝、参汤之类的补养品。段祺瑞不敢食用，全部悄悄倒掉。但袁克定行起事来比袁世凯直接多了，他派人在段公馆里安放了一枚炸弹。这颗炸弹很快被发现，虽没有爆炸，却带来一片恐慌。段祺瑞的夫人张佩蘅将这件事告诉了她的义母、袁世凯的发妻于夫人，于夫人转告了袁世凯。袁世凯知道事出袁克定之手，将其训斥一番，说：“你姐夫反对恢复帝制，只是口头上的劝阻，并没有采取过激行动。如今事情未定，这个时候内部不能出事，尤其你姐夫在北洋军中威信极高，弄出事来不好收场！”袁克定不得不承认，姜还是老的辣，到底是老父考虑事情周全。尽管他对段祺瑞阻碍恢复帝制恨之入骨，此时也只好罢手。

1915 年 12 月 12 日，袁世凯正式宣布恢复帝制，自称“中华帝国皇帝”。段祺瑞拒绝参加登基大典，独坐公馆，拍桌大怒：“袁公，作孽！”

袁世凯公然称帝的举动激起了护国讨袁运动。爱国将领蔡锷联络各派反袁力量，组成护国军，宣布云南独立。接着，贵州、广西相继宣布独立，反袁斗争风起云涌。袁世凯派遣前去攻打护国军的北洋军竟然与护国军达成和解协议停火了。冯国璋同样拥兵静观，不予支持，北洋军已不再听袁氏调度。袁世凯内心深受重创，焦头烂额。

添加了新式照明灯的段祺瑞公馆一层大厅

1914 年 12 月 23 日（冬至日），袁世凯（左二）以中华民国大总统身份在天坛举行了官方祭天仪式。祭天大典一年之后，袁世凯就坐上了龙椅。因此，这次冬至祭天被普遍视为其称帝前的预热

1916 年 3 月 18 日，冯国璋等五位将军联名发电致各省将军，就“迅速取消帝制，以安人心”，同时“惩办祸首”，征求各省将军同意。袁世凯受此打击，病情加重，走投无路之下，只好请发妻于氏给干女儿张佩蘅打电话，希望段祺瑞能够摒弃前嫌，去中南海探视，更写了一封言辞恳切的亲笔信送至段府。段祺瑞如约走进中南海，看到病榻上的袁世凯，顿生凄凉之感，说道：“若取消帝制，我全力相助。”“好，取消帝制。”袁世凯不再犹豫。3 月 21 日，袁世凯召开紧急会议，宣布取消帝制，复任大总统。

段祺瑞主张和平解决时局问题，但是西南方面和谈的首要条件便是要求袁世凯退位。袁既然还想要继续当大总统，出路只有一条，那便是武力解决。到 5 月上旬，袁世凯对和谈没有进展忍无可忍，直接要求段祺瑞对南方用兵。段祺瑞说：“既

然总统坚持用兵，那就另请高明吧。我辞职！”袁世凯没有批准段祺瑞的辞职，自己披挂上阵，亲自部署对独立各省的军事进攻。

北洋军虽然在军力对比上占优势，但已不听袁世凯的指挥调遣。5 月下旬，袁世凯最亲近的心腹陈宧和汤芗铭，在四川与湖南相继通电宣告独立。袁世凯闻信如五雷轰顶，一病不起。1916 年 6 月 6 日，袁世凯因尿毒症离世。随后，段祺瑞为袁世凯举行了隆重的国葬。

3 / 段祺瑞与黎元洪

Duan Qirui and Li Yuanhong

按照袁世凯制定的《修正大总统选举法》规定，总统候选人由现总统推荐。袁世凯去世前，效仿清朝皇帝的做法，将继任候选人的名字写在“嘉禾金简”上，藏之于金匮石室，总统死后由人取出宣布。金匮石室的钥匙有三把，由总统、总理、参议院长各执一把，三把钥匙中须有两把配合才能把石室打开。大家遵命取出金简一看，候选人有三位：黎元洪、徐世昌、段祺瑞。这下，大家还需要从三位候选人中决选一人继任总统。

众人开始讨论继承人的问题，一致请早在袁世凯小站练兵时即成为他核心幕僚的徐世昌先发表意见。徐世昌说：“现在南方独立，收拾时局是一件既首要又艰难的事，依愚见，根据《约法》，应推副总统继任。”其实“金匮石室”名单揭晓后，新旧约法已经不重要了。按旧约法，副总统是第一顺位继承人；按新约法，金匮石室的名单，黎元洪也是排第一位的。此外，黎元洪此人，素来与世无争，是出了名的好好先生，在武昌起义时幸运地被推举为领袖，在革命军中颇富声望但没有实权。从当时的形势来看，黎元洪作为辛亥革命元勋的地位，能令护国军方面同意；同时，黎元洪出身天津北洋水师学堂，与北洋系颇有渊源。他与南北两派的很多要人私谊都不错，又是两派都不沾的人。因此，在这个非常时期，他的确是各方都能接受的人选。拥护他继任总统，不失为一种两全其美的做法。

徐世昌虽是北洋重臣、元老，但在北京，北洋系的军权是

黎元洪

抓在段祺瑞手里的。徐世昌担心段祺瑞想当总统，所以他望了一眼段祺瑞，又说道：“这只是我个人意见，究竟怎么办，还是取决于总理吧。”于是，大家不约而同地望向段祺瑞，等他开口。但是，段祺瑞却半天默不作声，也许他正在心里盘算着优劣得失。最后，他只简单地说了一句：“很好，我和相国（徐世昌曾被袁世凯任命为国务卿，故被称作‘徐相国’）的意见一致。”

徐世昌

其实，段祺瑞的心情很复杂。他从心底里看不起黎元洪：在清朝末年，他的官爵比黎高得多；在北洋系里，他也是在袁世凯之下数一数二的人物。如今，袁世凯去世了，他却要带领北洋系拥护黎元洪当总统，他内心着实有些想不通。然而在当前南北对峙的形势下，他不得不拥护黎元洪，所以他的表情一直很凝重。

当天下午，国务院发表了一则公告：“袁大总统于本日上午十时四十分以尿毒症薨逝，停柩居仁堂，业经遗令遵依《约法》第廿九条，宣告以副总统代行中华民国之职权。”1916 年 6 月 7 日，黎元洪在东厂胡同自己的私宅里举行就职典礼，出任中华民国大总统。

本来，总统出缺时，副总统继任，哪怕是过渡性的，都是顺理成章的事情。黎元洪之所以暂时被各方接受，只是由于各方迫于当时的政治环境不得不如此，并非真心认同他。实际上，他既非北洋系，又非真正的革命党。在北洋系看来，黎没有兵权，不值得他们拥戴；而在革命党看来，黎在二次革命时背叛了他们，投靠袁世凯以自保，也不值得他们拥护。所以，黎元洪虽然当上了总统，却没有任何实权，不过是个虚职，被称作“位尊权不重”。

黎元洪是湖北黄陂人，1883 年考入天津北洋水师学堂机械科，求学期间深受严复、萨镇冰等师长赏识。从北洋水师学堂毕业后，黎元洪前往广东水师服役。甲午中日战争时，黎元洪随广甲舰北上增援。广甲舰被击沉后，指挥官乘坐小船逃生，黎元洪与十二人一同游水至大连海岸，最终仅四人生还。后黎元洪得到湖广总督张之洞的赏识，被调至其麾下，与德国人一起训练湖北新军。

辛亥革命爆发时，黎元洪所率第二十一混成协驻扎武昌城的兵力不超过 1500 人，无力抵抗革命军，于是黎元洪跑到部属家中躲避。武昌起义的成功完全超出革命党人的预期，革命军一时群龙无首，无奈只得将黎元洪寻出，强行将他推举为革命领袖。因此，参加革命并非黎元洪的本意。

段祺瑞公馆二层檐廊

如同辛亥革命时他被义军从床底下揪出来，硬被推选为鄂军大都督一样，黎元洪这个总统注定也是个有名无实的空头衔——他只能在公文上签字盖章，成为段祺瑞和北洋军阀的一个政治傀儡。革命前只是个旅长的黎元洪并非毫无野心，对于自己这个提线木偶的角色当然是不甘屈从，因此就有了后来激烈的“府院之争”。

府，指总统府；院，指国务院。本来，按照民国初年通过的《临时约法》，总统处于虚位，总理拥有实权。但是，这一制度始终未被真正遵循。毕竟，首任总统是袁世凯，在北洋政府内，又有谁敢限制北洋军首领的权力。

黎元洪继任总统后，也试图效仿袁世凯做个实权总统，因此处处着手干预。而段祺瑞在袁世凯死后继续担任总理。段祺瑞不仅得到原袁世凯部属和交通系政客的支持，控制了大片地区和军队，还因抵制袁世凯称帝而积累了一定的政治资本。段祺瑞凭借自己的实力和《约法》的规定，非常反感黎元洪的做法。双方很快在人事任免上发生矛盾。

段祺瑞组阁，提名徐树铮为国务院秘书长。徐树铮深受段祺瑞倚重，被引为心腹智囊，但是除段祺瑞以外的几乎所有人，他都不放在眼里，因此树敌甚多。黎元洪坚决反对这个任命。黎元洪曾说自己非但不能与徐树铮共事，就是见到他都害怕，如芒刺在背，甚至以辞职相胁。段祺瑞请徐世昌来劝解。黎元洪迫不得已，只能同意任用徐树铮为国务院秘书长。

作为国务院秘书长，本无发言权，但是，徐树铮有段祺瑞撑腰，屡屡代行其权，甚至不经国务会议讨论，越权直接任命官员。气得黎元洪抱怨道："现在哪里是责任内阁制，简直是责任秘书长制！"最后，经徐世昌调解，才将徐树铮免职。但更大的风波紧随而来。

1914 年第一次世界大战爆发时，袁世凯尚主政中国，当时宣布民国保持中立。到 1917 年初，战争已持续三年，参战各国都筋疲力尽，很多战役号称"绞肉机"，人员伤亡动辄以百万计。当时的协约国急需从中国招募华工，于是通过美国说服中国参战。1917 年 2 月，美国宣布与德国断交，同时照会包括中国在内的中立国家，希望各国与美国采取一致行动。

日本眼见形势有利，展开两面派的外交手段。一方面，它利用英法等国在军火制造及海上运输等方面对自己的依赖，与英法两国达成幕后交易，要求英法同意在战后和会上支持日本取得德国在中国山东的权益。损人利己的事情，英法等国自然应允。另一方面，日本向段祺瑞表示，中国可参战，但不必派出军队，只需派华工承担协约国的后勤和运输任务，日方则愿提供借款和军火，并派出日本教官协助训练军队。当时，中华民国虽然有一个名义上的"中央政府"，但南方多省并不在北洋集团的控制范围内。如果接受日本的条件，段祺瑞便可借机

段祺瑞公馆二层檐廊

大幅扩充自己的实力、实现南北统一，使自己成为一统天下的“元勋”。这样的机会段祺瑞不会轻易放弃。

美国方面为力促中国参战，同样开出了优厚条件。2月8日，美国公使向中国外交部提出：“美国必将设法援助中国，使中国能负起对德绝交的责任，而不致影响中国对于军事设备及一般行政的统治权。”美国公使芮恩施还专门谒见了总统黎元洪，承诺：若中国出兵，关于中国要求停付各国庚子赔款、增加关税、撤销领事裁判权、撤退各国驻兵等问题，均可协商解决。

此后，就是英、法、俄、日、比、意、葡七国公使，一起与中国外交部进行磋商。既然各方都希望中国参战，那中国在无形中有了身价，国际地位提升了，可以提出一些有利于自己的条件。包括逐步提高关税；撤销对德国庚子赔款，协约国赔款缓付10年，且不加息；废止《辛丑条约》关于军事的部分，即废止天津周围二十里内不得驻扎中国军队、中国不得在大沽口修建炮台等条款；关于义务方面，中国不必派兵到欧洲，仅向协约国提供原料及劳工。

这些条件带来的好处应该是不小了，但黎元洪知道，这些好处难以落到自己身上，而会落到握有实权的段祺瑞身上。最后，就是他段某人名利双收，而自己依旧坐冷板凳。这怎么行？1917年3月，内阁通过了段祺瑞的主张——对德绝交案和《加入协约国条件节略》。但是，总统黎元洪却拒绝盖章。尽管心中恼恨段祺瑞将自己当作“盖章机器”，擅做表面文章的黎元洪却托词说：“这是一个有关国家命运的重大问题，我们不可草率行事，因此要多加考虑。各省军人都反对对德宣战，对德绝交就是宣战的先声，应当先统一全国军人的意见，然后才能决定。”

段祺瑞一听，鼻子都气歪了：“协约国方面不止一次地催促我们对德绝交。”

黎元洪说：“如果我们听从协约国的命令，我们就不是一个自主的独立国了，我今天既然是总统，就该对一切负责任。”

意见无法统一，段祺瑞一气之下，不告而别，前往天津去了。黎元洪正想借机换个总理，于是找到徐世昌和王士珍，无奈两人都不想当总理。他只好让冯国璋请回段祺瑞。3 月 14 日，北京政府正式宣布与德国绝交。

随着日本在其中积极运作，本来热切希望中国参战的美国发现，继续支持中国参战，只会让日本获利，有损美国在中国乃至亚洲的利益。美国对中国参战的态度遂由积极转向消极。4 月 5 日，国务院对中国驻美公使顾维钧表明了希望中国慎重考虑，不要急于参战的态度。美国政府的态度变化，直接影响了黎元洪的立场。以美国为后台的黎元洪认为，中国与德国断交就够了，但不必宣战。

国内各省的督军们担心段祺瑞借参战之名调派他们的兵力

顾维钧

远赴异国他乡，因而反对参战的呼声很高。段祺瑞回到北京，4 月 25 日召开各省督军参加的军事会议，向众人表示，宣布参战，既无需各省派出一兵一卒，还能得到各国借款。督军们喜形于色，纷纷要求尽快宣布参战。

5 月 7 日，段祺瑞把参战案提交国会。次日，国会开始讨论，赞同和反对的双方争执不下。5 月 10 日，段祺瑞派亲信花钱雇佣乞丐、车夫、地痞等以“公民团”的名义发动请愿。这个举动可以说是搬起石头砸自己的脚。“公民团”的恶劣行径引起议员们的极大愤慨，议员们一致决定暂不讨论对德参战案。议员邹鲁甚至气得撸起袖子要冲到休息室欧打段祺瑞，被众人劝阻。

双方的斗争达到白热化的程度：督军团要求解散国会，黎元洪希望内阁辞职。正在此时，北京的英文报纸《京报》刊文揭露了段祺瑞以允许日本训练中国军队和控制兵工厂等为条件，向日本借款一亿日元的交易。消息传出，举国震惊。23 日，黎元洪以大总统的名义免去段祺瑞国务总理兼陆军总长的职务。

段祺瑞怒气冲冲地离开北京，再次回到天津，并发表通电不承认黎元洪的免职令。各省督军纷纷响应。黎元洪如坐针毡，急调张勋进京调停。这就引出另一个事件——张勋复辟。

1917年6月，张勋以13省盟主身份率六千“辫子军”进京，实际上是借带兵入京调停的机会，行复辟之实。张勋入京经过天津时，曾与段祺瑞会晤。段祺瑞警告他：“你如复辟，我一定打你。”可是，自以为抓住天赐良机的张勋怎能听进去呢？

张勋风风火火地进了京，解散了国会，7月1日拥12岁的废帝溥仪复辟登基，自任首席内阁大臣、直隶总督兼北洋大臣。北京街头的警察挨家挨户敲门，命令百姓悬挂黄龙旗。一时之间，黄龙旗供不应求，许多居民只好先用纸糊的旗子来应付检查，北京城的大街小巷飘起了大清国的龙旗。成衣店里加紧缝制蟒袍朝服，没有发辫的赶紧去戏班子找，有的人用马尾制作假辫子……

黎元洪万万没想到，自己搬救兵之举反而是引狼入室。帝制还是共和，这可是原则性问题，相比之下，自己与段祺瑞的政见分歧显得无足轻重。走投无路之下，他只好再次任命段祺瑞为总理，命其讨伐张勋。自知闯下大祸的黎元洪，在签发完请冯国璋代行大总统职务的电报后，躲进了东交民巷的日本使馆。

段祺瑞以讨逆军总司令的名义马上发表由梁启超起草的反对复辟的通电，电文指斥张勋怀抱野心、妄图推翻共和国体的

1917 年 7 月北京大街小巷悬挂龙旗

罪行，表明反对复辟帝制的立场。段祺瑞组成“讨逆军”，自任总司令，带兵五万余人讨伐张勋，冯国璋在南京通电响应。

当时中国第一所正规的航空学校建在北京南苑，战斗中段祺瑞启用该校 3 架“高德隆”飞机，首次使用空中投弹。该机没有机腹投弹装置，仅可坐两人且时速仅 100 公里左右，飞行员只能手掷小型炸弹（也有人说是手榴弹）。虽然精准度和爆炸威力有限，但是威慑力强。“辫子军”在从天而降的轰炸下顷刻溃败。穷途末路的张勋自感不妙，抛下部队仓皇逃走，余下的“辫子军”纷纷举起白旗投降。

狼狈不堪的张勋逃回了北京南河沿家中，那里还有张勋的结发妻子以及 500 多名侍卫。张勋刚回到家中，讨逆军的旅长王承斌就率兵赶到了。王承斌二话不说，架炮轰击，张勋宅邸瞬间变成了一片火海。张勋只得带着一家人夺门而出，开车一溜烟躲进了东交民巷的荷兰公使馆。这场复辟闹剧，仅仅上演了 12 天就这样草草收场了。

段祺瑞回京后，去日本使馆接黎元洪回总统府。就在黎元洪回家的第三天，他的花园里发生了一起凶杀案。早晨，黎元洪正在花园散步，看见一个军人提刀过来，几个卫士立即围了过来，结果三个卫士被杀，行凶者也被随后进来的卫士击毙。警察调查称此人是总统府卫队排长，有精神病史。段祺瑞借此机会解散了黎元洪的卫队，另派军警保护黎宅。黎元洪心知这是段祺瑞指使人搞的“烛光斧影”意在逼迫自己辞职。他只得立即通电全国，宣告去职。

1922 年 6 月，直系军阀曹锟、吴佩孚赶走皖系总统徐世昌，请黎元洪复职。黎元洪抖擞精神复任总统后，发现自己仍无实权。于是，一年后，他再度辞职，从此退出政坛，移居天津。黎元洪归隐天津后，凭借自己的商业头脑投资实业，在天津英租界和德租界各置有一处房产，生活上颇为富裕。相比之下，几年后段祺瑞下野，在天津过的日子就颇为拮据。两人一笑泯恩仇，黎元洪甚至还借给段祺瑞七万多元。只是后来段祺瑞无力偿还，被黎元洪家人告上法庭。

1928 年 5 月 25 日黎元洪在租界里看赛马时突然晕倒。6 月 3 日，黎元洪因脑出血在天津去世，享年 65 岁。在黎元洪的葬礼上，段祺瑞一言不发，只是鞠了三次躬，长叹一声，随后默默离去。

4 / 段祺瑞与冯国璋

Duan Qirui and
Feng Guozhang

冯国璋，字华甫，1859 年生于河北省河间县西诗经村，是明代开国勋臣冯胜的后代。他还是我们耳熟能详的著名相声演员冯巩的曾祖父。在电影《建党伟业》中，冯巩就饰演了自己的曾祖父冯国璋。

冯家祖上本是当地望族，但到冯国璋这一代已家道中落。年轻的冯国璋不得不靠做苦力维持生计，直到一个偶然的机会——经亲戚介绍加入淮军，开启了他的军旅生涯。这位未来的“北洋三杰”之一，就此踏上历史舞台。

1889 年，冯国璋毕业于天津武备学堂。甲午中日战争前，他进入聂士成军中效力，曾随聂赴东北和朝鲜等地考察和测绘地形，还以清朝驻日公使随员身份赴日考察军事，博览大量近代军事著作。这段经历让他眼界大开，为他日后辅佐袁世凯小站练兵奠定了坚实基础。

1917 年，黎元洪辞去大总统职位之时，段祺瑞给远在南京的副总统冯国璋发了一封只有四个字的电报：“四哥快来！”就这样，冯国璋北上就任代理大总统，段祺瑞则重掌国务总理大权。不过，“北洋双雄”的合作，从一开始就暗流涌动。

冯国璋这个总统并不好当。由于北洋政府财政困难，有时甚至需要冯国璋自掏腰包，他就百般不情愿，还曾为了钱的事情与王士珍等老友闹得很不愉快。入住中南海后，他发现湖中游鱼成群，便半开玩笑地问随从：“这些鱼能吃吗？”得到肯

冯国璋

定答复后，从此总统府的餐桌上便多了道鲜鱼。更妙的是，富余的鱼被拿到市面出售，精明的商家趁机打出“总统鱼”的招牌，一时风靡京城。谁能料到，这些事竟被报章争相报道，暗指冯代总统爱财如命，连中南海池塘里的鱼都不肯放过。当时的报界戏称：宰相东陵伐木，元首南海卖鱼。冯国璋听到这个消息，觉得很委屈，这些钱都花在国事和民生上了，也没进自己腰包。他特意刻了一个印章，上边刻有“平生志在温饱”，以表明心迹。

冯国璋进京之初，段、冯二人合作还算愉快。黎元洪与段祺瑞之间的“府院之争”，主要在于是否对德宣战。如今黎元洪下台了，冯国璋对宣战之事很支持。于是，1917 年 8 月 14 日，对德宣战案以总统令的形式顺利发布。然而，好景不长，表面和谐的段、冯合作很快出现裂痕。由于段祺瑞废除《约法》拒绝恢复国会，遭到以孙中山为首的国民党的强烈反对。孙中山联合西南各省召开非常国会，成立了与北京政府对峙的护法军政府，掀起轰轰烈烈的护法运动。

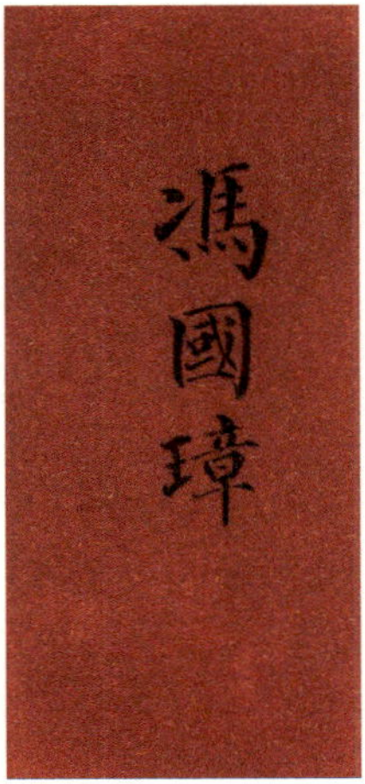

冯国璋名刺

在对待护法运动的问题上，段祺瑞主张“武力统一”，而冯国璋则坚决反对。这背后是两大派系的角力：冯国璋

段祺瑞公馆二层内景

是直隶河间人，其军事集团因此被称为直系；段祺瑞及其部属则为皖系。直隶作为北洋军阀发祥地，不少北洋将领和下级官员是直隶籍，直系人数远超皖系。段祺瑞意图借着对南方用兵扩张势力，把皖系势力插入直系盘踞的长江流域，还让靠近前线的直系先对抗护法军，以削弱直系实力，达到最终取代总统之位的目的。冯国璋自然明白段祺瑞的心思，因此在段祺瑞想要挥师南向一统南北时，为了保全直系在长江流域的地盘，不管段祺瑞怎么催促，冯国璋都拒绝签发“讨伐令”。

段祺瑞没耐心耗下去，没有总统盖章也出兵。他派一路人马入湖南图谋两广，另一路入四川攻打云贵，发起第一次南伐。湖南是西南门户，湖南争夺战引发南北战争。段祺瑞力主“武力统一”，但嫡系兵力有限，想让直系及亲近部队当炮灰，却没考虑这些人是否听令。

10 月 20 日，冯国璋的亲信“长江三督”李纯、陈光远、王占元通电主和，发出“倒段”信号。冯国璋这一釜底抽薪之计，使湖南战事急转直下，令段祺瑞腹背受敌。第一个回合的较量，段祺瑞败下阵来。加上北洋军在四川战场上失利，段祺瑞被迫于 1917 年 11 月 15 日提出辞呈，再次返回天津。

段祺瑞下野后，冯国璋的处境也颇为尴尬。其一，他找不到接任国务总理之人，无奈向段祺瑞求助，段祺瑞为北洋派团结的大局考虑，说服王士珍出山。其二，原本中立的直隶督军曹锟变成主战急先锋，12 月 2 日，曹锟为首的七省三区督军等在天津开会，核心议题是对西南用兵。重压之下，12 月 15 日冯国璋只得下达对西南讨伐令。但讨伐令发布仅 10 天，冯国璋又宣布停战，陷入和、战两难的处境。

1918 年初春，一场政治大戏上演。1 月 25 日，被逼得走投无路的冯国璋突然通电全国，宣布要“南巡阅兵”。冯国璋本想借此次阅兵，行“金蝉脱壳”之计。三天后，当专列抵达蚌埠站，皖系干将倪嗣冲早已恭候多时。接风宴上觥筹交错之际，倪嗣冲的部下却悄悄卸下了总统专列的车头。酒过三巡，冯国璋起身告辞时，才发现自己已经脱不了身。倪嗣冲面带笑容却语气坚决:“南方战火纷飞，为总统安全计，恕不能放行。”冯国璋只得黯然返京。

被“请”回京城的冯国璋，不得不在段祺瑞的威逼下再次签署讨伐令。就在北洋军在两湖战场连战连捷之际，冯玉祥突然发表的主和通电，犹如一盆冷水浇在段祺瑞头上。盛怒之下的段祺瑞决定铤而走险，他的得力干将徐树铮，在酝酿一个足以改变北洋格局的大胆计划。

当时，一批从日本购进的武器即将到港。这是段祺瑞任总理时与日本签订的秘密协定中的一项，即从日本购买的 2.7 万支新式步枪及弹药。这些军械弹药除准备给晋、陕两省调拨一部分外，其余由中央支配。这本是冯国璋扩充嫡系势力

段祺瑞公馆一层内景

的绝佳机会，却被嗅觉灵敏的徐树铮捕捉到消息。他来了一招“借花献佛”，秘密联络奉系军阀张作霖，让奉军截获这批军火，以拉拢奉系为皖系效力。当日本货轮在秦皇岛靠岸时，奉军将领杨宇霆带着厚礼拜访了前来接货的中央政府官员。在连日宴饮麻痹对方后，奉军士兵突然亮出徐树铮开具的“调拨令”。在政府官员目瞪口呆中，满载军火的列车已呼啸着驶向关外。

这场精彩的“军火大劫案”，让张作霖一夜暴富。奉军一口气扩编了六个旅，而冯国璋闻讯后，面色铁青地在总统府摔碎了最心爱的茶具。更戏剧性的是，段祺瑞得知后竟将徐树铮痛斥一番：“你这是在教猱升木，总有一天你会坏我大事！”这位“北洋之虎”已预见到：今日种下的因，来日必结恶果。

1918 年 3 月，奉军大举入关。短短数日内，京津要地尽入皖奉联军之手。3 月 7 日，四面楚歌的冯国璋通电辞职；3 月 23 日，段祺瑞重掌总理大印。为了缓和局势，段祺瑞没有同意冯国璋辞职，而是决定“合法驱冯”。此时京津一带已完全控制在皖系与奉系手中，湖南前线的北洋军也接连取得胜利，助长了主战派的声势。此时南北大战还在继续，对南方作战的军费更是无底洞。段祺端折腾不到一年，居然把偌大的北京政府弄得捉襟见肘，国库空空如也，在财政上难以为继。

就在段祺瑞为军费发愁之际，日本特使西原龟三带着“及时雨”上门了。明知是饮鸩止渴，段祺瑞还是签下了震惊中外的“西原借款”。这笔高达1.45亿日元的巨款，抵押的却是山东和东北的路矿主权。当外界纷纷指责他卖国时，段祺瑞竟不以为意：“咱们对日本，也就是利用一时。这些借款，谁打算还他呀！到时候，一瞪眼就完了。”段祺瑞以为，只要一不还借款、二不真正交付路矿主权，就不算卖国。但是这般军阀式的狂妄逻辑，不仅注定要在史书上留下骂名，也会在未来给国家留下隐患。

1918年秋，段祺瑞操纵安福国会将徐世昌推上总统宝座。颇具讽刺意味的是，下台前的冯国璋竟成功将段祺瑞也拉下了马。这对争斗半生的老冤家，最终落得两败俱伤。不同的是，段祺瑞退而不休，仍以边防督办之名遥控政局；而冯国璋则真正归隐，从此不问政事，直至1919年寒冬病逝于北京帽儿胡同。

临终前，冯国璋对徐世昌的嘱托令人动容：“和平统一，身未及见，死有遗憾。”更令人唏嘘的是，听闻死讯的段祺瑞竟在冯府灵堂当众痛哭。后来，段祺瑞曾对亲信感慨道：“我和华甫斗来斗去许多年，结果谁也没得到什么好处，反倒弄得两败俱伤，想想真感到无地自容……”这对亦敌亦友的北洋双雄，用他们跌宕起伏的人生，为那个风云激荡的时代写下了最生动的注脚。段祺瑞回津后不久，派人送来一副他亲自写的挽联：

兵学砥砺最相知，每忆拔剑狂歌，曾与誓澄清揽辔；
国事纠纷犹未已，方冀同舟共济，何遽伤分道扬镳。

5 / 段祺瑞与徐树铮

Duan Qirui and Xu Shuzheng

徐树铮

段祺瑞与徐树铮的关系，堪称民国政坛最复杂、最深厚的君臣知遇之交。他们的关系融合了师徒、僚属、政治盟友等多重身份，是那个混乱年代里，罕见的、真挚的、却最终被时代洪流吞噬的友谊。

徐树铮，字又铮，江苏萧县（今属安徽）人。徐树铮本是个天才少年，12 岁便中秀才，可惜多年怀才不遇，又因不满清廷腐败，遂投笔从戎，22 岁时辗转至山东济南。在济南的一家酒店里，段祺瑞遇到了徐树铮。二人意气相投，相见恨晚。据段祺瑞回忆："至旅店拜客，过厅堂，见一少年正写楹联，字颇苍劲有力。时已冬寒，尚御夹袍，而气宇轩昂，毫无寒酸气象……约与长谈，深相契，遂延揽焉。"

二人就这样一见如故。段祺瑞慧眼识珠，觉得徐树铮这样一位年轻人虽然目前落魄，但见识非凡，才学深厚，是一个难遇之才！当即收他为记室（秘书），并感慨道："吾得又铮，犹刘备之得孔明也！"这一面之缘，奠定了两人往后二十年的生死情谊。

徐树铮虽才华横溢，但当时并无功名，段祺瑞便资助他赴日本陆军士官学校深造。这在当时极为罕见，因为北洋系将领大多出自袁世凯小站练兵体系，而段祺瑞却破例送一个无名秀才去日本，可见对其器重。留学期间，段祺瑞不仅承担了徐树铮的全部费用，还常写信勉励。徐树铮唯有刻苦学习以报知遇之恩。在学期间，他成绩优异，尤其精通军事战略与日语，这为日后成为段祺瑞的“外交大脑”打下基础。

1907 年，徐树铮学成归国，段祺瑞立即安排他进入北洋军中枢。短短几年内，徐树铮便从一名普通参谋升至陆军部军学司司长，成为段祺瑞最得力的助手。徐树铮是北洋军阀中少有的文武双全的精英，但这样的人往往恃才傲物，桀骜不驯。由于他专横跋扈、傲慢嚣张，给段祺瑞树敌不少。有一次，徐树铮带着文件找时任总统黎元洪签字盖章。黎元洪问他为何一日任命三个厅长，徐树铮不屑地答道：“总统只负责在最后一页盖章就行了，问那么多干什么？”其目中无人可见一斑。

张学良在晚年的访谈中谈起徐树铮，说：“这个人很有才干。”秦皇岛劫械案后，张作霖为奉天总司令，徐树铮摇身一变成奉军副总司令。张学良看见徐树铮“夏天光个大膀子，在那屋自己拟电报。他还做诗钟（一种限时作诗活动），文才很高。那时候我年轻，我想这个人可了不得！一方面办公事，一方面还打诗钟，他是段祺瑞手底下最大的大将。”

1914 年 7 月，第一次世界大战爆发，中国宣布中立。8 月 23 日，日本对德国宣战。日本并不派兵远赴欧洲参战，而是借此名义攻打当时由德国控制的山东青岛。青岛的德军没料到日军进攻，步兵枪支预备不足，就令德国使馆武官与时任陆军部次长的徐树铮秘密接洽，借步枪 2000 支，并配以子弹。

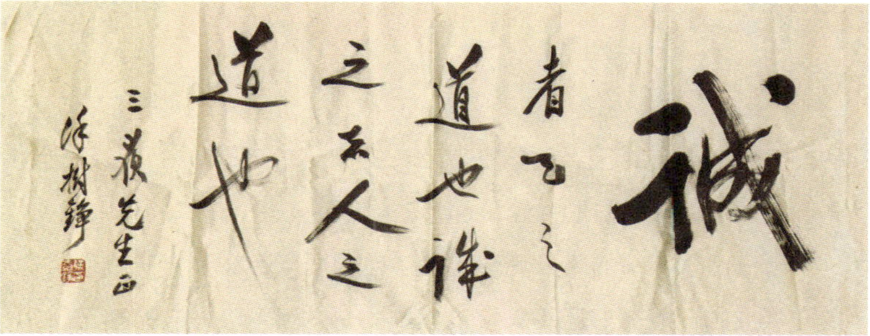

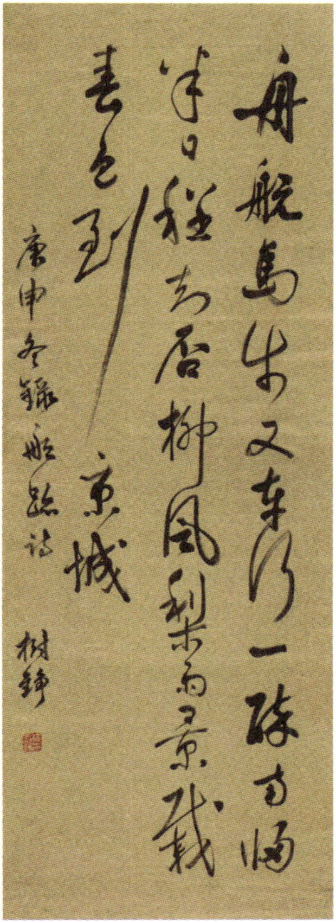

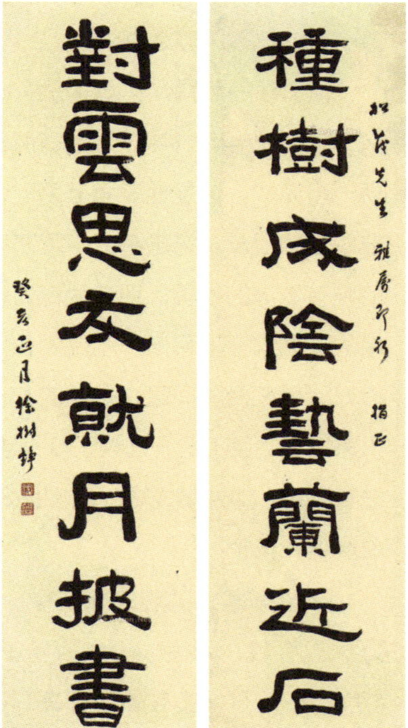

徐树铮书法作品

徐树铮向来崇拜德国，且与其武官有交情，就自己做主，趁着中国驻潍县军队调防的时候，给青岛的德军运去一列车的军火。

时任山东将军的靳云鹏一连几个电报质问徐树铮："我们是守中立的，怎么好用军火接济其中的一方面？你一向是亲日的，怎么这一次却反对日本？你瞒住了总统、总长干这件事，万一事情泄露了怎么办？"

徐树铮的解释是：日本是中国毗邻的强国，而中国积弱已久，近一二十年内，中国若想有所作为，只要得不到日本的谅解，便一事无成，这是他表面上采取亲日态度的原因。但是日本绝非中国的朋友，它不希望中国富强；将来真正能够做中国朋友的唯有欧洲的德国。现在就青岛的局面来说，德国是处在危困中的。他这一批军火，就是要和德国成为"患难之交"。事情办好，可在两国间建立长期的友谊；万一失败，国家就拿他个人来治罪，也不至于耽误国家大事。所以这件事绝不能向总统、总长说明。这件事成功则国家有好处，失败了不过个人受损失，希望他能帮忙。

徐树铮最终说服了靳云鹏，并得到他的掩护，事情顺利办成。事后，段祺瑞也认为徐干得很对。可惜，日军还是在1914年11月7日攻占了青岛。德军虽然失败，但徐树铮接济军火的事却被德国人铭记在心。1925年，徐树铮访问德国，总统兴登堡亲自接见，其外长斯特莱斯曼无偿赠送给他克虏伯

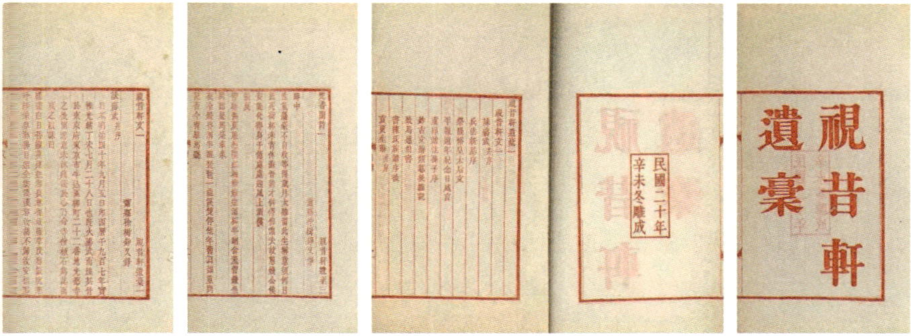

徐树铮《视昔轩遗稿》

兵工厂自制大炮的图纸，以帮助中国军队尽快走向军工现代化。七七事变爆发前，德国为中国武装了 7 个德械师和 1 个教导总队。在淞沪会战中，这些部队有力地阻挡了日寇的疯狂进攻。可惜的是，徐树铮没能亲眼见证这一切。

1917 年春天，围绕对德宣战问题，府院之争达到白热化。段祺瑞主张对德宣战，黎元洪却与他唱反调。令人意外的是，作为心腹的徐树铮也反对对德宣战，也是段祺瑞麾下唯一持反对意见的人。他认为日本对中国的威胁远远超过德国。当段祺瑞为中国对德宣战奔波时，徐树铮却极力反对，主张维持中立。

纵使徐树铮偶尔和段祺瑞唱反调，他还是拥有段祺瑞的绝对信任。1918 年，徐树铮未经请示，诱杀直系元老陆建章，引发北洋内部震动。段祺瑞得知后，仅淡淡说了一句：“又铮太急。”1919 年中国时局动荡。当外交失败的消息从巴黎和会传来后，国人激愤的情绪到达了顶点。五四运动爆发，学生游行，工人罢工，北京政府颜面尽失。同样在这一年，一直备受争议的徐树铮却大出风头，为北京政府挽回不少声誉。这就是成功收回外蒙古。这是徐树铮军事生涯的巅峰，也是段祺瑞皖系政权最辉煌的时刻。那么外蒙古是怎么收回的呢？

1911 年，外蒙古在沙俄势力支持下，趁着中国内乱宣告独立，但这一举动未得到国际社会的广泛承认。外蒙古宣布独立后，建立了政教合一的政治体制。活佛哲布尊丹巴既是外蒙古的宗教领袖，又是国家首脑，政府中的重要职位均由僧侣担任，蒙古王公们几乎没有话语权。俄国十月革命后，失去了沙俄这座强大靠山，对于严重依赖外来物资供应的外蒙古来说，无疑是陷入了困境。原本支持独立的外蒙古王公们，在困难面前，私下与北洋政府联系，表示希望取消自治，仍然在中国庇佑下安稳度日。

段祺瑞获知外蒙古王公有复归的意向，也是十分欣喜。他认为，收复外蒙古可以激发民众的民族情绪，消除民众自晚清以来对中国政府软弱无能的印象；同时，扩充疆土也是能流芳百世的好事情。

1919 年 6 月，段祺瑞任命徐树铮为西北筹边使，让他带兵收复外蒙古。兵马未动，粮草先行。在军队出征之前，徐树铮就已经在多伦设立了后勤部，筹备军需给养，确保远征大军一路粮饷无忧。为了尽快占领要地，徐树铮特地调集了一批汽

20 世纪 20 年代的库伦（今乌兰巴托）街景

车，专门负责运送士兵。中国军队兵强马壮，一路上外蒙古哨卡基本不敢抵抗。唯一遭到的阻拦，是外蒙古原俄国顾问领导的白俄军队。不过，他们根本无法阻挡中国军队的前进。此时俄国内乱重重，自顾不暇，只能坐视中国军队占领外蒙古各战略要地。

十月革命后，俄国内部红军和白匪军激战不休，日本觊觎外蒙古，在首府库伦（今乌兰巴托）部署了大量驻军。在大军出发后，徐树铮联系上驻扎在外蒙古的日本军官。他开口就质问对方，是不是在库伦驻扎了 2000 人马。日本军官说漏了嘴，表示只驻扎了 120 人。徐树铮立刻抓住了这一点，质问道：在不经过我方允许的情况下，你们凭什么在这里驻军？这是侵犯主权的表现！限你们 3 小时内缴械，否则一旦开战，你们需要承担全部后果。短短几句话，就把日本人给逼到了墙角。他们只能选择妥协。

当时，徐树铮只带了 5000 兵力进驻外蒙古。他将部队编排成数十人一组的小分队，让这些小分队依次坐着汽车经过库伦闹市区，再将最先进的武器亮出来。等到这批人走完一圈以后，绕到郊区，再绕回来跟上后入城的车队，再走一圈。这么一来，就给人一种错觉，以为徐树铮的部队源源不断。他还特地搭建了一座可以容纳 5 万人的军营，营造出大军压境的景象，直接震慑了当地百姓和日本士兵。

11 月，徐树铮率部进驻库伦，外蒙古王公俯首称臣。徐树铮明白，要想真正解决外蒙古的问题，还得从具有最高权力的活佛哲布尊丹巴身上下功夫。可活佛怎可能轻易撤销自治呢？为此，徐树铮选中了巴特玛多尔济。不同于其他三位出身于蒙古亲王的僧人，巴特玛多尔济是僧人们推荐出来担任内务长的外蒙古高级官员。徐树铮便从他身上下手。威逼利诱下，巴特玛多尔济果然妥协，答应帮徐树铮劝说哲布尊丹巴活佛，让其放弃自治。

多番劝说之下，哲布尊丹巴始终不为所动。徐树铮亮出底牌，下令软禁哲布尊丹巴活佛，并对他说：如果活佛拒绝，那么他就会用武力将其押送到京城去。哲布尊丹巴既失去沙俄的支持，又没有日本的保护，眼见徐树铮的铁血手段，只得妥协，选择归附北洋政府，放弃自治。

1919 年 11 月 17 日，外蒙古正式上书中华民国大总统徐世昌，呈请取消自治，废除中俄蒙一切条约、协定，外蒙古全境重归中国，之前被沙俄占领的唐努乌梁海地区也自然回归。

马背上的巴特玛多尔济

在此之后，中央政府给予外蒙古一系列支持，徐树铮派军队分别驻扎在外蒙古的买卖城（今恰克图）、乌里雅苏台、科布多、唐努乌梁海等地，完成了对外蒙古的统一，并在外蒙古实施采矿、引种蔬菜、修建公路、开办银行、创刊日报、加强中华文化教育等一系列有益于当地经济社会发展的事业。值得一提的是，天津大白菜就是在这个时候引至外蒙古，并逐渐成为当地最普及的一种蔬菜。

外蒙古的回归，还让北京政府赢得了国内舆论的赞扬。志得意满的徐树铮也在库伦赋词一首《念奴娇·笳》，表达了自己收复疆土的豪情：

砉然长啸，带边气，孤奏荒茫无拍。
坐起徘徊，声过处，愁数南冠晨夕。
夜月吹寒，疏风破晓，断梦休重觅。
雄鸡遥动，此时天下将白。

遥想中夜哀歌，唾壶敲缺，剩怨填胸臆。
空外流音，才睡浓，胡遽乌乌惊逼。
商妇琵琶，阳陶觱篥，万感真横集。
雕戈推枕，问君今日何日？

徐树铮回到北京后，除向政府报告外，还将此事电告正在上海的孙中山。在复电中，中山先生难掩欢喜与赞赏之情，将其比作当代的班超、陈汤和傅介子。这些都是中国古代历史上著名的军事家和外交家，曾为中华民族立下不朽功勋。孙中山称赞，徐树铮在短短十余日内就收复外蒙古，其功绩堪比古人，甚至更胜一筹。

徐树铮收复外蒙古不到一年时间，直皖战争爆发。徐树铮作为皖系主要将领，自然要带兵回援，导致刚刚收复的外蒙古兵力空虚。当皖系军阀倒台后，外蒙古很快再度脱离控制。

1920 年，北洋派系矛盾激化。段祺瑞和徐树铮激进的策略，遭到直系和奉系一致反对。7 月，直皖战争爆发，皖系惨败。段祺瑞下野后退隐天津，徐树铮因树敌太多，被列为十大祸首之最，被悬赏十万大洋缉拿。徐树铮藏在一个箱子里，秘密离开北京，自天津东渡日本逃亡。

尽管失势，但徐树铮与段祺瑞二人均不甘心就此退出政治舞台。1924 年 11 月，冯玉祥和张作霖联合推翻直系政权后，北京出现权力真空。冯、张二人威望不足，难以控制全国大局，便想请寓居津门的段祺瑞出山，支撑门面。徐树铮并不赞同段祺瑞即刻与冯玉祥合作。怎奈时年已届六旬的段祺瑞想抓住这最后的机会。他接受冯玉祥与张作霖的邀请，赴京出任中华民国临时总执政，成为名义上的国家元首。

段祺瑞考虑到以徐树铮的个性，与张作霖、冯玉祥绝难相处，并且 1918 年徐树铮还曾在天津下令枪杀了冯玉祥夫人的舅舅陆建章。出于对徐树铮安全的考虑，段祺瑞没有在临时政府中给他安排职位，只是在 1925 年 1 月 4 日任命正在法国进行考察的徐树铮为“考察欧美及日本政治专使”，拨给一定的经费，准备等他归来之后，再择适当时机授以要职。徐树铮出洋后依旧在密切观察着时局的变化。眼看张作霖与冯玉祥矛盾完全激化，徐树铮认为段祺瑞的机会来了。他一心想将段祺瑞推上总统宝座，重掌大权，于是打算劝说张作霖、孙传芳两家息兵，共同对付冯玉祥。冯玉祥得到这些情报，自然感到如芒刺在背，再加上七年前徐树铮杀死陆建章的仇恨，遂对他起了杀心。

1925 年，徐树铮从欧洲游历归来。在北京的段祺瑞预感到某些针对徐树铮的危险，不让他回京。自负的徐树铮不听，偏要进京。12 月 27 日，他若无其事地到达北京，见到了段祺瑞。段祺瑞对他说形势紧张，劝他早日离京为妙。这时，某个事先得知消息的人给段祺瑞递了一张字条，上面提醒他：“树铮不可行，行必死。”

徐树铮却还是不以为意，笑呵呵地说：“何人阻我，我岂信此谰言？”当晚就搭上了去天津的火车。当列车停靠在廊坊站时，张之江带着士兵直接冲进徐树铮的包厢，没多说话就把他拽下了车。寒风呼啸的站台上，徐树铮被带到一个空旷的地方，这才看到陆建章的儿子陆承武——冯玉祥特意让陆承武出席，想把这次处决说成是陆家后人给父亲报仇的私事。紧接着，宁静的夜空被几声枪响打破，徐树铮的生命就这样走到了尽头……

次日凌晨，陆承武派人送来徐树铮的血衣。段祺瑞一见，浑身颤抖，以手抚衣上弹孔，忽呕血数口。面对急至的医生，

1925 年 10 月 26 日，徐树铮（左三）在美国阿灵顿国家公墓

覲見單

中華民國十四年十二月二十八日下午四鐘考察歐美日本各國政治專使徐樹錚等覲見
臨時執政銜名
特派考察歐美日本各國政治專使陸軍上將徐樹錚
專使秘書全權公使存記朱文黼
專使秘書全權公使存記王治燾
專使秘書駐法使館二等秘書李駿
專使秘書外交部參事司長存記薛學海
專使秘書陸軍步兵上校何家駒
專使隨員徐贊化
專使隨員段茂瀾
專使隨員蔡光黃
專使軍事秘書陸軍少將孫象震
專使軍事秘書陸軍少將韓賓禮
專使軍事秘書陸軍少將劉卓彬
專使軍事隨員陸軍工兵少校吳國柄

政府公報 覲見單 十二月二十九日第三千四百九十六號

1925 年 12 月 29 日《政府公报》刊登的觐见临时执政的名单

1926 年 10 月 12 日，时任日本首相清浦圭吾（右二）访问段公馆。左一为段祺瑞

他却挥手拒绝道：“吾非病，心痛耳！”

随后，段祺瑞为徐树铮亲题挽联（原件现存于中国第二历史档案馆）：平生慷慨班都护，万里间关马伏波。他以东汉名将班超、马援作比，意指徐树铮收复外蒙之功。

6 / 北洋落日：段祺瑞的末路悲歌

The Setting Sun of the Beiyang Government:
Duan Qirui's Tragic Final Chapter

1920 年盛夏，直皖战争的炮火撕裂了华北的天空。战前踌躇满志的段祺瑞，此刻正凝视着军事地图，嘴角挂着志在必得的冷笑。他深信张作霖会恪守中立承诺，更笃定装备精良的皖系军队必能碾压直系。然而命运却给了他致命的一击——奉系铁骑突然杀至，西路皖军如雪崩般溃败！

7 月 19 日，段府上方笼罩着一片愁云，左右随从力劝段祺瑞离开北京。段祺瑞暴跳如雷，喊道："要走，你们走！我不走，我倒要看看他们能把我怎么样！"曹锟、吴佩孚自然不敢把段祺瑞怎么样，两人还派人去段府慰问。后来吴佩孚甚至亲自登门拜见段祺瑞。段祺瑞失败后，先是住在北京，后移居天津日租界，在此窥测动向，等待时机。

历史总是充满戏剧性。直、奉联合反皖倒段之后，为了各自的利益，又发生了激烈冲突。1921 年 4 月 14 日，张作霖挥师入关，第一次直奉战争爆发。结果奉军大败，连张学良也受伤退到关外。吴佩孚控制了北京政权，重弹"武力统一"的老调，引起西南军阀的不满。直系成为众矢之的。

1921 年，为了打倒直系军阀，孙中山联络段祺瑞、张作霖形成"反直三同盟"。与此同时，曹锟和吴佩孚也意识到危机，决定拉拢段祺瑞，瓦解孙、张、段的三角同盟。1924 年 3 月 13 日，恰逢段祺瑞六十寿辰。在曹锟、吴佩孚的发动下，虽然段祺瑞公开表示拒绝大家为其祝寿，直系将领仍蜂拥而至，献礼祝贺。

1924 年 9 月 4 日，张作霖调集东三省兵力 20 余万，分三路大军入关，第二次直奉战争爆发。双方出动的兵力共计 50 余万。战斗一开始，直系便处于劣势。直系第三军指挥冯玉祥突然倒戈，发动北京政变，囚禁曹锟，给吴佩孚以致命打击。

在吴佩孚处于险境之际，段祺瑞以第三师老师长身份送了一封信给吴佩孚，劝他“速离去，否则被擒耳”。吴佩孚带领军队到天津后，曾给段祺瑞打过一个电话，说准备将部队开进租界以引起外国势力插手干涉。段祺瑞说：“你是中国最优秀的军人，为什么要引发国际问题呢？”吴佩孚听了只得称“是”，率部离开天津。因为大批粮草弹药无法带走，吴佩孚临走前提笔写下纸条“移交段督办”，算是送给老上级的大礼。

在各方势力的角力中，段祺瑞竟被推上了临时执政的宝座。但这看似风光的复出，实则是军阀博弈下的傀儡戏码。冯玉祥私下讥讽其为“木头人”，张作霖更刻薄地将其比喻为“北京烤鸭”。当这位“执政”不得不周旋于张作霖的奉系与冯玉祥的国民军之间时，恰似行走在钢丝上。

与此同时，革命的洪流正以不可阻挡之势奔涌而来。1924 年寒冬，孙中山抱病北上。天津码头上，两万民众的欢呼声响彻云霄，“打倒列强！”“废除不平等条约！”，声声呐喊像利剑般刺穿旧时代的阴霾。孙中山在天津养病期间，段

段祺瑞

祺瑞等人在北京忙着推出善后会议。为了争取列强的支持，12月7日，段祺瑞竟然在接受日本记者采访时说：“孙所言之废除不平等条约，余殊不能赞同。”病中的孙中山，得知此事震怒。他对段祺瑞的代表怒道：“我在外面要废除那些不平等条约，你们在北京偏偏要尊重那些不平等条约，这是什么道理？你们要升官发财，怕那些外国人，要尊重他们，为什么还来欢迎我呢？”

1925年的春天格外寒冷。3月12日，孙中山溘然长逝。孙中山先生临终前留下了“革命尚未成功，同志仍须努力”的遗嘱。弥留之际，他口中仍不住呼唤：“和平……奋斗……救中国……”

噩耗传开，举国悲恸，北京政府宣布举行国葬。段祺瑞手下多次劝他在出殡之日务必亲往哀悼，以缓和与国民党方面的矛盾。段祺瑞也表示要亲自到场进行主祭。谁知出殡当日，段祺瑞却以脚肿为由改了主意，只是派代表前往。接到通知的李烈钧非常愤怒，他站在社稷坛的台阶上对前来祭奠的民众说：“孙先生反对帝国主义侵略，反对封建军阀丧权辱国，封建军阀和帝国主义一样，恨孙先生，怕孙先生；活着怕他，死了还是怕他……死总理吓死了活执政。”当时北京一家报纸曾讽刺说：“难道偌大的北京城，就找不到一双合适的靴子吗？”

1926年3月12日，冯玉祥率国民军与奉系军阀交战期间，日本军舰以“违反《辛丑条约》”为由炮击大沽口，国民军开炮还击。3 月 16 日，英、美、日等八国公使联合向段祺瑞政府发出最后通牒，要求拆除大沽口防御工事，限 48 小时答复。执政府外交总长王正廷竟然表示“愿和平解决”，引起中国人民的极大愤慨。在中共北方区委和李大钊的领导下，各界群众召开大会，强烈抗议日舰炮击大沽口。

3 月 18 日，北京学生以及各界群众数千人，在天安门前举行“反对八国通牒国民大会”。会后，以北京学生为主的 2000 多人请愿团前往位于铁狮子胡同的段祺瑞执政府请愿。请愿队伍进入执政府门前广场时，竟遭卫队开枪射击。弹如雨下，前面的学生纷纷倒在血泊之中。包括刘和珍、杨德群在内的 47 人惨死在执政府卫兵的枪下，其中最小的年仅 12 岁。这就是震惊全国的三一八惨案。

这一天被鲁迅先生称为“民国以来最黑暗的一天”。《纪念刘和珍君》中那些经典的句子——“真的猛士，敢于直面惨淡的人生，敢于正视淋漓的鲜血。”“沉默呵，沉默呵！不在沉默中爆发，就在沉默中灭亡。”——直到今天仍然振聋发聩！

惨案发生后，段府内召开紧急会议。会议决定把惨案发生的责任归咎于群众领袖李大钊、徐谦等人。3 月 19 日，执政府发布对李大钊等五人的通缉令。

三一八惨案发生，令段祺瑞执政府失尽民心。1926 年 4

月 20 日，段祺瑞被迫通电下野，回到天津。惨淡的夕阳照映下，这个曾经叱咤风云的“北洋之虎”终于黯然退出政治舞台，留下一抹血色的暗影。这是他政治历史中“三起三落”的最后一次离开。他的北洋时代一去不返，好友已逝，皖系落幕，是非成败转成空。那些轰轰烈烈的历史时刻，转瞬间化作时代车轮碾过的尘埃，落入隔世经年的梦里……

1931 年九一八事变后，日本帝国主义扶持溥仪在东北建立了伪满洲国，随后又将目光转向华北，企图利用段祺瑞的影响建立华北地区的伪政权，以实现其侵略野心。但无论日本人如何利诱，均被段祺瑞严词拒绝。虽然段祺瑞坚决不做汉奸，但是日本人的一次次拉拢引起蒋介石的不安。蒋介石以段祺瑞学生的身份会见了段祺瑞的侄子段宏纲，请他帮忙说服段祺瑞南下，并给他送去了 2 万元生活费。接着又派交通银行董事长钱永铭递送亲笔信给段祺瑞，蒋介石在信中恳请段祺瑞“南下颐养”。

为了避免日本人的纠缠和要挟，段祺瑞决定举家迁往上海，公开表明自己的拒日态度。他对钱永铭说：“我已老不中用了，如中正认为我南下于国事有益，我可以随时就道。”段祺瑞准备动身去上海，后来成为华北头号汉奸的王揖唐得知此消息，急忙前来劝阻。段祺瑞对他说：“我是中国人，决不做汉奸傀儡。就是你自己也应好好想想，不要对不起祖先、父母和子孙后代。

我决计到南方去，以后不要再来多说了。”

1933 年 1 月 21 日凌晨，段祺瑞在吴光新、魏宗瀚、段宏纲的陪同下悄悄离开了天津。1 月 23 日，段祺瑞与蒋介石、何应钦、孙科一同，在南京拜谒了中山陵，随后乘快车去了上海。

在接受《申报》记者采访时，段祺瑞言辞激昂地表示：“日本暴横行为，已到情不能感、理不可喻之地步。我国唯有上下

1933 年 1 月 25 日《申报》刊登《段祺瑞昨晨莅沪》

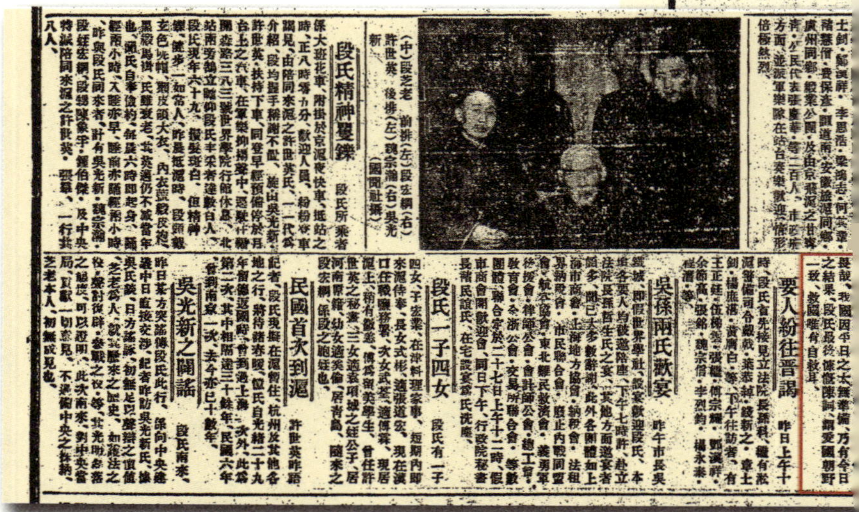

ESTABLISHED

……士釗、鄭洪年、李思浩、梁鴻志、何其鞏、褚慧僧、費保彥、顧道南、安徽旅滬同鄉、廣州同鄉、紀業公團、及由京飛滬之甘寧青、X民代表張慶華、等二百人、亦已在方面、並派軍樂隊在站台奏樂歡迎、情形倍極熱烈、

（中）段芝老　前排（左）段宏綱（右）許世英　後排（左）魏宗瀚（右）吳光新　（國聞社攝）

段氏精神矍鑠

段氏所乘者係大班花車、附掛於京滬夜快車、抵站之時、正八時零五分、歡迎人員、紛紛登車謁見、由陪同來滬之許世英氏、一一代為介紹、段均握手稱謝不置、旋由吳光新、許世英、扶持下車、同登早經預備停於月台上之汽車、在軍樂抑揚聲中、逕駛往福開森路三八三號世界學院行館休息、北站南旁鵠立瞻仰段氏丰采者達數百人、段氏現年六十九、鬚髮斑白、但精神矍鑠、健步一如常人、昨晨抵滬時、段頭戴玄色呢帽、穿皮領大衣、內衣藍緞皮袍、黑緞馬褂、氏雖衰老、其英邁仍不減當年也、聞氏自奉儉約、每晨六時即起身、晨間經兩小時、入睡亦早、睡前亦須經兩小時、昨與段氏同來者、計有吳光新、魏宗瀚、段宏綱、段錫陳象宇、鍾伯傑、及中央特派陪同來滬之許世英、張羣、一行共八人、

段氏一子四女

段氏有一子四女、子宏業、在津料理家事、短期內即來滬侍奉、長女式彬、適張道宏、現在漢口任稅關務署、次女式荃、適傅霖、現居滬上、稍有微恙、傅為留美學生、曾任許世英之秘書、三女適袁項城之姪公子、居河南原籍、幼女適奚倫、居青島、隨來之段宏綱、係段之胞姪也、

民國首次到滬

許世英昨語記者、段氏現擬在滬暫住、杭州及其他各地之行、將待諸春暖、憶氏自光緒二十九年留德返國時、曾到過上海一次外、此為第二次、其中相隔達三十餘年、民國六年、曾到南京一次、去今亦已十數年、

吳光新之闢謠

段氏南來、昨日某方突謠傳段氏此行、係向中央建議中日直接交涉、記者昨訪吳光新氏、據吳氏談、日方謠諑、初無足以辯辯之價值、芝老為人、就其歷來之歷史、如護法之役、討復辟、參戰之役、等等、其光明磊落之態度、可以證明、此次南來、對中央當局、只獻一切意見、不過備中央之採納、芝老本人、初無成見也、

要人紛往晉謁

昨日上午十時、段氏首先接見立法院長孫科、繼有淞滬警備司令戴戟、葉恭綽、段新之、章士釗、楊庶堪、黃膺白、等、下午往訪者、有王正廷、伍梯雲、張繼、傅宗耀、鄧漢祥、佘簡高、張銘、魏宗儒、李烈鈞、楊永泰、程潛、等、

吳孫兩氏歡宴

昨午市長吳鐵城、即假世界學社、設宴歡迎段氏、本埠各要人均被邀陪座、下午七時許、赴立法院長孫哲生氏之宴、其他方面邀宴者頗多、聞已大多數辭謝、此外各團體如上海市商會、上海地方協會、納稅會、法租界納稅會、市民聯合會、廢止內戰同盟會、航空協會、東北難民救濟會、義勇軍後援會、律師公會、會計師公會、總工會、教育會、全浙公會、交易所聯合會、等數團體、聯合定於二十七日上午十二時、假市商會開歡迎會、同日下午、行政院秘書長褚民誼氏、在宅設宴為段氏洗塵、

段說、我國因今日之太無準備、乃有今日之結果、段氏最後懇懇陳詞、謂愛國朝野一致、救國唯有自救耳、

一心一德，努力自求。语云：求人不如求己。全国积极准备，合力应付，则虽有十日本，何足畏哉？”“爱国朝野一致，救国惟有自救耳！”

1936 年 11 月 2 日，段祺瑞因胃病恶化导致严重出血去世，享年 72 岁。

段祺瑞的一生恰似一面多棱镜：既是镇压进步学生的刽子

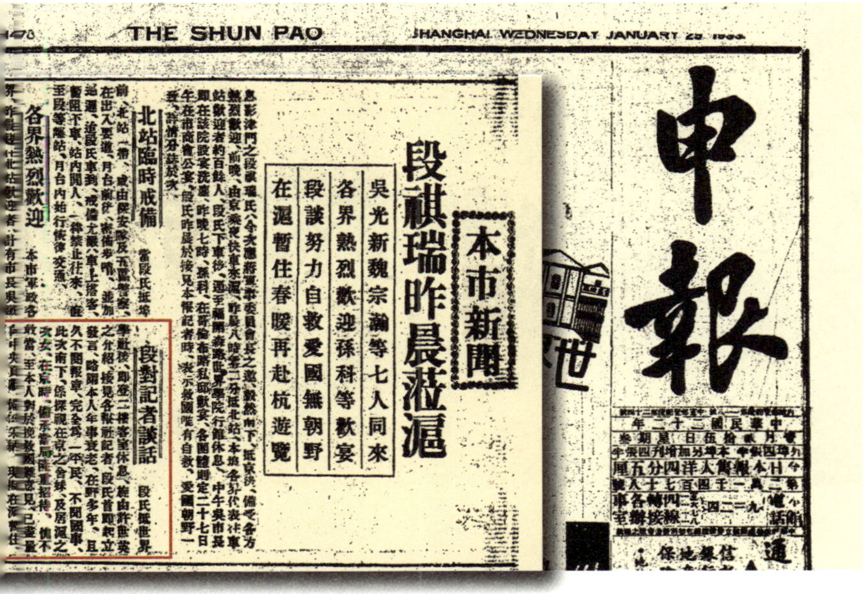
THE SHUN PAO

SHANGHAI WEDNESDAY JANUARY 25 1933

申報

本市新聞

段祺瑞昨晨蒞滬

吳光新魏宗瀚等七人同來
各界熱烈歡迎孫科等歡宴
段談努力自救愛國無朝野
在滬暫住春暖再赴杭遊覽

息影津門之段祺瑞氏、今次應蔣軍事委員會長之邀、毅然南下、抵京後、備受各方熱烈歡迎、前晚、由京乘夜快車來滬、昨晨八時零二分抵北站、本埠各界代表往車站歡迎者約百餘人、段氏下車後、逕至福開森路世界學院行館休息、中午吳市長即在該院設宴洗塵、昨晚七時、孫科、在哥倫布路私邸歡宴、各團體則定二十七日午在市商會公宴、段氏昨晨於接見本報記者時、表示救國唯有自救、愛國朝野一致、詳情分誌於次、

北站臨時戒備

當段氏抵埠前、北站一帶、咸由保安隊及五區警察、在出入要道、月台前佇、密佈步哨、並加巡邏、迨段氏車到、戒備尤嚴、八車上搭客、暫阻下車、站內閒人、一律禁止往來、俟至段等離站、月台內始行恢復交通、

段對記者談話

段氏抵世界學院後、即登二樓客室休息、旋由許世英之介紹、接見各報社記者、段氏首即起立發言、略謂本人年事衰老、在野多年、且久不閱報章、完全為一平民、不問國事、此次南下、係探視在京之舍妹、及居滬之次女、在京時、備承當局隆重招待、愧不敢當、至本人對於挽救國難意見、已盡量

各界熱烈歡迎

1936 年 12 月段祺瑞灵柩被送回北平（今北京）

手，也是拒当汉奸的硬骨头；既是穷兵黩武的军阀，也是“三造共和”的功臣。如今，斯人已逝，功过任评，莫若杨慎的那阕词最为贴切：

滚滚长江东逝水，浪花淘尽英雄。是非成败转头空。青山依旧在，几度夕阳红。

7 / 北极科考与《斯瓦尔巴条约》的隐秘棋局

Arctic Exploration and the Veiled Chessboard Behind the Svalbard Treaty

在北极斯瓦尔巴群岛（挪威语：Svalbard Archipelago）的冰雪荒原上，中国黄河站的红色建筑巍然矗立，五星红旗在极地寒风中猎猎作响。与此同时，在地球另一端的南极拉斯曼丘陵（Larsemann hills），中山站的橙色建筑群同样在茫茫冰原上熠熠生辉。这两座科考站位于地球同一根磁力线的南北两端，构成了全球空间物理学研究的黄金组合。

2018 年，中国科学家首次实现对南北极极光的同步观测，揭示了太阳风与地球磁层的相互作用的深层规律。黄河站的全天空极光成像仪与中山站的激光雷达实时联动，使中国成为全球极地科研的关键参与者。这段科研突破的源起，可追溯至北洋政府一份意外签署的条约。

1925 年，北洋政府深陷军阀混战的乱局，财政濒临崩溃。当法国递来《斯瓦尔巴条约》的签约邀请时，段祺瑞的第一反应是警惕——巴黎和会的屈辱仍历历在目，他断不能再让中国落入任何外交陷阱。

面对这份突如其来的条约，段祺瑞一时不知如何处理。一方面，他急需国际上的认可，以巩固政权；另一方面，他必须确认这份条约是否暗藏玄机。他立即命令外交部次长陈箓核查条约真伪。陈箓仔细比对法、英版本后确认，该条约确实存在，且法国同时邀请了比利时、罗马尼亚等国加入，并非针对中国的阴谋。

1925年8月27日，中国正式签署《斯瓦尔巴条约》。北洋政府发表声明称："我国经法国之邀请，加入该约，侨民可享有均等权利。"然而，法国拉拢中国的真实目的并非善意，而是为了制衡英国、美国、日本三国在北极的势力扩张。当时中国国力孱弱，根本无力开发北极。法国正是看准了这一点，才将中国当作一枚"无害的棋子"。

条约签订次日，北京《晨报》仅用豆腐块大小的篇幅进行了报道。记者干脆把"Svalbard"音译成"死亡之岛"。签约仅仅两年后，北洋政府倒台，中国再次陷入战乱，这份条约被彻底遗忘。又过二十余年，国民党败退台湾，带走了几乎所有重要文牍档案，但是却没有带走这份条约的相关档案，可以说是"弃之如敝屣"。

直到1991年，中国极地科学家高登义在挪威考察时，偶然在一本《北极指南》中发现，中国竟是《斯瓦尔巴条约》的缔约国！高登义立即将这一发现上报。中国政府迅速行动，在挪威朗伊尔宾博物馆找到了1925年的原始签约文件，上面赫然写着"CHINA"。这份沉睡66载的条约，成为中国拓展极地权益的法理依据。

1999年，"雪龙"号首航北极；2004年，中国在斯瓦尔巴群岛建立黄河站，五星红旗首次飘扬在北极冰原之上。如今，黄河站已扩展为包含空间物理实验室、冰川监测站的综合科研基地，并与南极中山站形成极地观测网络。随着北极冰层融化，斯瓦尔巴群岛的战略价值日益凸显——它不仅是科研重地，更是未来北极航道的枢纽。

而这一切的缘起，还要追溯到第一次世界大战时期，14 万中国劳工远赴欧洲战场，2 万余名华工埋骨他乡。他们修筑工事、清理战场，甚至直接参与战斗。这些劳工用鲜血和生命为中国赢得了战胜国地位，也为日后签订《斯瓦尔巴条约》奠定了基础。

北极。图片来源：https://pxhere.com/

北极极光。图片来源：https://pxhere.com/

1925 年，在风云变幻的国际局势下，中国北洋政府参与签订了《斯瓦尔巴条约》。当时的中国内忧外患，在国际事务中话语权有限，签订该条约更多是复杂外交形势下的无意之举，并未充分意识到其背后潜藏的巨大价值。然而，这份看似偶然签订的条约，却如同在黑暗中的一点萤火，照亮了中国在北极事务中所获得的宝贵的一席之地。依托这份条约，中国逐步在极地科研领域开疆拓土，为全球极地科研与环境保护贡献了不可或缺的力量。从北洋政府的外交博弈，到今日中国的极地科考；从一战华工的鲜血汗水，到黄河站的科研成果，历史在不经意间勾勒出清晰的因果脉络。

北极黄河站（任靖 摄）

2025 年，恰逢《斯瓦尔巴条约》签订 100 周年。中国已从当年积贫积弱的“被动签约国”成长为极地科研的引领者。谁能想到，段祺瑞政府当年无意签下的“鸡肋条约”，最终成为中国极地战略的关键基石。

第三章　总理府邸 杏坛育才

Chapter Three: The Premier's Residence — A Cradle of Education

1 / 建筑风貌与历史价值

Architectural Style and Historical Significance

段祺瑞公馆位于和平区鞍山道 38 号（原天津日租界宫岛街 15 号），约建于 1920 年。段祺瑞于 1925—1933 年在津期间居于此楼。这座建筑是当时天津日租界最负盛名的私人公馆式住宅之一。

段祺瑞公馆由主楼、后楼、平房等建筑构成，为砖木结构，总建筑面积达 3750.78 平方米。其中，主楼建筑面积为 2555.55 平方米，有 44 间房。它造型雄伟，为欧洲折中主义风格。19 世纪上半叶到 20 世纪初，折中主义建筑在欧美国家盛行。所谓折中主义，即把古典主义、浪漫主义等建筑元素巧妙地重新排列组合，不局限于固定法式，只讲究比例协调，追求纯粹的形式美感。近代天津深受当时世界建筑潮流影响，折中主义建筑数量很多。段祺瑞公馆就是其中极具特色的代表，作为天津折中主义建筑的典型范例，默默见证一段多元文化碰撞交融的历史。

这栋建筑的正立面，两层廊柱尤为瞩目。首层采用塔斯干柱式，庄重朴实；二层选用爱奥尼克柱式，又有自创的花样，优雅精致，凸显出古典建筑美学的独特韵味。主入口上方的二层区域，为追求视觉上的突出效果与丰富变化，廊柱改为方柱，尽显大气沉稳。而在中间和两端位置，为了进一步强调建筑的中轴线与对称感，采用双柱设计，两根柱子并立，极大地增强了建筑的厚重感与稳定性，使其在外观上更具力量与平衡之美。

段祺瑞公馆主楼

主楼东侧平房

主楼西侧平房

塔斯干柱式

爱奥尼克柱式

二层的方柱

入口处双柱

1937 年 7 月 18 日，在段祺瑞公馆会见日军司令官香月清司后离开的宋哲元（左二）、张自忠（左四）。从这张照片可观察当时建筑的细节，原来的建筑一层的柱子是有腰线的（唐文权提供）

两层廊柱之上，是木结构的大屋顶。大屋顶正中央，一座圆形重檐西式凉亭尤为瞩目。由于房屋本身层高较大，加之大屋顶和凉亭的叠加，整体高度相当于如今的六、七层楼房。在昔日日租界的中心区域，这座建筑显得格外突出，仿若鹤立鸡群。从许多日本占领时期的航拍照片中可以看到，它是极为重要的制高点，登临其上能够俯瞰整个日租界。

1894 年甲午中日战争后，日本侵略者开始策划在天津开

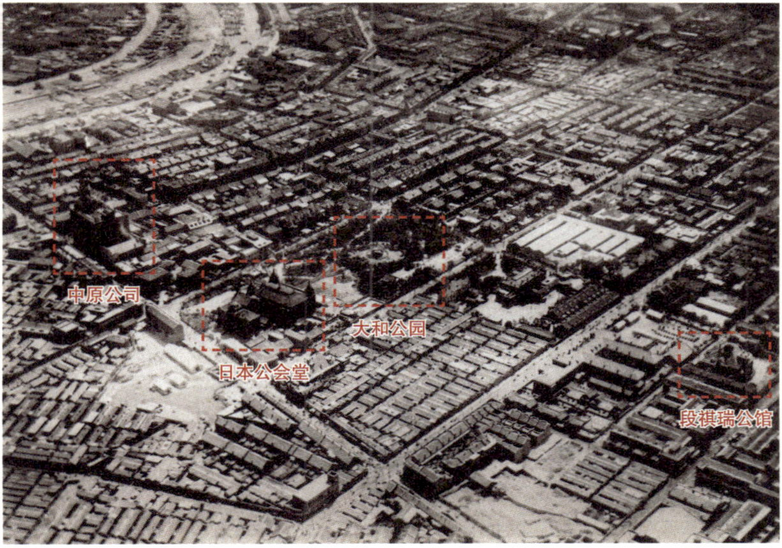

20 世纪 30 年代日本航拍照片中段府的重要军事位置清晰可见（陈硕提供）

辟租界。1898 年，日本驻津领事与天津海关道签订了《天津日本租界条款》及《续立条款》，划定了专管租界与预备租界的范围。后经多次扩张，形成后来的日租界地界：东临海河；东南面起自今锦州道，与法租界接壤；西南至墙子河，再向西沿河为界，至海光寺；北面起自闸口，沿今和平路向南，至多伦道，再沿多伦道向西直抵南门外大街，再向南折至海光寺。占地面积 2341 亩。1945 年抗战胜利后，中国政府实际收回日租界。

日租界开辟初期，日本侨民寥寥无几，直至 1900 年以后，来津日侨才逐渐增多。1902 年日本总领事馆责成东京建物株式会社承接填土垫地、筑路及建房等工程。修筑道路及沟渠工程至 1904 年 4 月完成，然后陆续建造房屋。经过二三十年的经营，日租界逐渐“繁华”。特别是随着日本对我国的扩大侵略，日本军、政、宪、特等机关以及洋行、商店越来越多。

日租界的建筑风格大体可以分为四类：日本传统风格（如大和公园中的天津神社和一些日式住宅，多为日式木结构）、日本近代风格（如武德殿）、欧式风格（比较普遍，如静园、张园、段祺瑞公馆）和当时国际上流行的现代主义风格（如中原公司等）。即便是后两种，也带有较多的日本本土色彩（如张园的“宝形造”屋架与日式浴槽，建筑尺度普遍偏小）。在日租界一众紧密低矮的建筑中，段祺瑞公馆别具一格。它的整体布局体现出一种秩序美感，严谨且考究；建筑造型独特，既有时代的烙印，又不失创新；装饰细节更是精雕细琢，处处彰显着工艺之美。这些都展现出当时设计师极高的专业水准与独具匠心的设计手法。

明信片上的大和公园

原武德殿

静园

原中原公司

日租界街景

张园

张园的“宝形造”屋架

张园内的日式浴槽

在过去近一百年间，从诸多历史镜头中可以看见它的身影。段祺瑞公馆作为北洋时期重要历史人物的旧居，是对段祺瑞本人进行历史研究的重要物证资料，也是近代一系列重要历史事件的场景见证，是研究北洋时期政治史、社会史和建筑史不可多得的实物资料，具有较高的历史价值。基于深厚的历史底蕴、超凡的艺术魅力、严谨的科学构造以及珍贵的史料价值，段祺瑞公馆被列为天津市重点保护历史风貌建筑和天津市文物保护单位，承载着天津往昔的记忆，成为城市历史文化的重要符号。

2 / 公馆变迁与时代印记

The Transformation of Residence and Its Lasting Imprints

段祺瑞公馆最早由段祺瑞妻弟吴光新出资建造（1920年），其后段祺瑞寓居于此（1926—1933年），因此得名“段公馆”。

段祺瑞离开天津后，公馆被日本人侵占，并将这里改为“天津偕行社”。偕行社是一个创立于日本明治时代的日本陆军军人社团，后又被正式称为日军陆军军官俱乐部。“偕行”二字源于《诗经》中《秦风·无衣》：“王于兴师，修我甲兵，与子偕行！”大意是：君王征师作战，修整我们的盔甲与兵器，与君共赴国殇。可惜的是，原本正义的字眼却被用于邪恶的目的。偕行社不但是日本军官的社交活动、休闲娱乐场所，还具情报搜集、整理、出版的任务，为日本的侵略行动提供支持。在日军侵华期间，偕行社基于侵略和宣传军国主义思想的目的，出版了很多关于中国人文、地理、民俗等内容的期刊和画册，主要起到意识形态方面的宣传教育作用。

由两组图的对比可见，作为“段公馆”时期的建筑，公馆的大门是有门楼的。在日本占领期间，作为军事机构的“天津偕行社”把门楼拆了，破坏了原来作为住宅的私密性。不仅如此，偕行社还把南面院墙往外延伸了约半米，南面院墙的两个墙角从直角变成了弧形，从而使前院面积扩大。从此，段祺瑞公馆从私人住宅变成办公机构，建筑物的使用功能发生了根本性的改变。

“段公馆”时期的门楼和拐角处（上）和现今的拐角处（下）（唐文权提供）

日寇占领时期“天津偕行社”（左）和现今修复后的段祺瑞公馆（右）（唐文权提供）

1945 年日本投降后，段公馆由国民政府接管，改为“三民主义青年团天津支团部”。“三民主义青年团”成立于抗战初期的1938 年7月，是国民党下属的青年组织，简称“三青团”。成立早期的目的主要是团结广大青年，开展各种抗日救国运动。到后期，它跟国民党的中统、军统特务机构沆瀣一气，堕落成特务组织。1947 年 9 月，国民党决定实行“党团合并统一”，三青团正式并入国民党。

1948 年，经过为期三个月的装修改造，段公馆改名为“天津青年馆”，并于 1948 年 9 月 13 日面向公众开放。这个隶属于国民政府青年部的青年馆，主要用于安置流亡青年和学生，

1945 年美军拍摄的作为三民主义青年团天津支团部的段祺瑞公馆（唐文权提供）

忠孝仁愛信義和平
民族至上
國家至上

并举办夏令营、运动会和文娱康乐活动。由于青年馆里绝大多数服务人员都是义工，所以青年馆的收费低廉，基本属于半公益的、自给自足的经营模式。青年馆分为文化、康乐、服务三个部门，又下设若干单位。主楼有藏书万册的图书阅览室、会议室，承办学术讲座、专题座谈、画展、音乐会、话剧演出，另外还有联谊室、游艺室，有台球、羽毛球、乒乓球；附楼有“寄宿舍”，即招待所，内设浴室、理发室、青年食堂、交谊厅。青年馆另有摄影室、诊疗室、公用电话等服务设施，同时还办理旅行、晚会、集体婚礼等业务。

1949 年初天津解放，青年馆改为中国新民主主义青年团（1957 年改名为中国共产主义青年团）天津市委员会的办公地。1962 年 8 月，团市委搬到了位于泰安道的孙传芳旧居，教育部门在段祺瑞公馆创办了鞍山道中学。1978 年鞍山道中学迁至山西路 36 号，更名为天津市第五十八中学。1976 年唐山大地震时，主楼的大屋顶局部被震损，后来就以排险为由，拆除了整个大屋顶和西侧的塔楼，改为平顶。20 世纪 80 年代后因办公需要，为增加使用空间，在主楼平顶的基础上又加盖了局部三层几间房屋，用作教室，并在外檐增设圈梁及构造柱，局部增设钢拉杆。附楼也进行了翻建。

1979 年至 2007 年，段公馆的使用单位为天津市和平区教研室、和平区教师进修学校。作为教学和科研机构，大部分

鞍山道中学时期的段公馆八角亭（上）和现今的八角亭（下）（唐文权提供）

段祺瑞公馆大屋顶损毁情况，1976 年地震后拍摄（唐文权提供）

段祺瑞公馆西侧两个塔楼的历史原貌，1976 年地震后拍摄（唐文权提供）

房屋被隔成教室，墙壁上挂了黑板；二层南向的正屋被全部打通，成为阶梯教室和电教室。

20 世纪 90 年代后期，随着改革开放后的经商大潮涌来，段公馆还曾与静园等单位一起破墙开店。此后，天津市政府加强了文物保护意识，整修恢复了建筑原貌，并将原使用单位迁出。2005 年段祺瑞公馆被列为天津历史风貌重点保护建筑，2013 年被列为天津市文物保护单位。此后，段公馆一直空置，

地震后整修时将大屋顶改建为三层的段公馆

直至 2018 年再次整修。修缮工程由天津市风貌建筑保护办公室聘请天津大学建筑学院张威主持，于 2021 年竣工。

其间，有多部影视剧将此作为拍摄场地，摄制组对建筑形制进行了若干改动。根据剧情需要，墙壁也经过多次粉刷，门窗、护墙板上面涂了很多层油漆，灰色的、棕色的、绿色的……改

了好几回颜色。在电影《飞跃老人院》中，段祺瑞公馆的内景被改造成了老人院的样子，包括小礼堂等场景，为影片营造出了符合故事背景的环境。在该片拍摄中，有老人们围坐在小礼堂中看吴天明饰演的角色变魔术的戏份，性格各异的老人们聚在这里，发生了不少有趣的故事。

《飞越老人院》剧照

3 / 建筑修缮与保护传承

Architectural Restoration and Conservation

段祺瑞公馆是承载着厚重历史的近代历史风貌建筑，因此维修人员在修缮时须严格遵循“修旧如故”的原则。即不做大幅修建，不改变建筑外立面及内部结构，仅做必需的加固、修复处理。在完整保留原有建筑立面与内部空间结构的基础上，对建筑结构实施必要的加固举措，修复建筑立面。最大限度维持原有建筑布局和空间结构形式，力求让这座历史建筑重现往昔光彩，延续其独特的历史韵味，在历史建筑的教化功能中增添可持续发展的新元素，连接历史与现实。

修复文物建筑，必须在不改变建筑原有风貌的前提下，尽可能遵循真实性、完整性、可逆性。为了恢复建筑原貌，特别是修复地震中损毁的屋顶，项目组广泛搜集历史资料，征集专家学者意见，进行建筑考据，拆除了加盖的第三层建筑，对旧居的屋顶进行复原。既要修好破损的地方，又不能扰动周遭的结构，施工工艺极其复杂，比新建一个建筑还要费力。其实，将原来的建筑推倒重建并不困难，坚固耐用还节省成本，但它不是文物，所以文物建筑修复意义重大。

2018 年开始的段祺瑞公馆的修缮复原工程，可以大体概括为以下几个部分。

（一）建筑本体的修缮、加固

自建成后的近百年时间里，段祺瑞公馆历经各种自然和人为因素的破坏。天津多为软土地基，不均匀沉降，使房屋倾斜、墙体开裂。建筑砌体结构中，砌筑砂浆严重粉化，抗压强度极低，这已极大地影响到结构的整体性与承载力，对建筑安全构成威胁。

尽管震后对建筑进行过加固、维修与改造，但按照天津地区现行的抗震设防规定衡量，仍存在差距，相应的抗震构造措施也不够完善，难以有效应对潜在的地震风险。

建筑木结构材质老化现象普遍，不同程度的损坏情况较为常见，部分木质构件的损坏已显著削弱其承载力，影响到木结构整体的稳定性。

此次修缮加固工程拆除了 1976 年唐山大地震后在主楼外檐增设的圈梁、构造柱，改为墙体内置，并对主楼墙体、楼地面进行加固处理，以满足正常的使用要求。在主体结构加固、围护结构修缮等施工过程中，通过 BIM 三维模型可视化漫游，实现精细化施工。

（二）主楼屋顶的复原

段祺瑞公馆是近现代的历史建筑。2013 年它被列为天津市文物保护单位的时候，其主楼建筑本体只剩下地下室和一、二层的部分。唐山大地震时坡屋顶和八角凉亭严重损坏，无奈之下只得拆除。20 世纪 80 年代又加建了第三层，严重破坏了它的历史原貌。所以，这次修缮最关键的工作，一是拆掉后加建的第三层，二是尽量将坡屋顶恢复原貌。这么做，从外观上看，符合文物保护原则，也就是去掉那些后来修的部分，让建筑回到以前的样子；从功能上看，复原的坡屋顶就像个罩棚，能保护文物本体，减少风吹日晒、雨雪冰霜对它的损害。

由于历史原因，公馆的原始设计图纸与主楼原有坡屋顶做法均已不可考。所幸经调查研究发现了若干历史照片，从中可以看出坡屋顶的造型以及八角凉亭、老虎窗、塔楼等细节。2016 年，唐文权先生基于对段祺瑞公馆的历史照片的考证，用电脑绘制了一张建筑立面的复原图。2018 年，修缮团队在进行段祺瑞公馆修复工程的时候，找到了唐文权先生，唐先生无偿授权使用这张复原图，并且将其收藏的不同历史时期的段祺瑞公馆的照片全部无偿提供给设计团队。

在设计屋顶外形的时候，设计师的目标是让它和过去的样子一模一样。在进行屋顶内部结构设计与材料选择时也首先考

段祺瑞公馆正立面复原图（唐文权 绘）

虑依照现有证据实现“原形制、原结构、原材料和原工艺”的理想状态。但遗憾的是，关于屋顶内部结构，设计师没找到历史照片、图纸和档案等资料，只能听从前了解情况的人的口述，再参考现在还存在的同时期建筑，大概推测出原来的坡屋顶是西式木桁架结构。可这木架结构用的是什么木料，多大尺寸、是怎么搭建起来的，这些具体细节我们实在弄不清楚。没办法，只能重新设计屋顶结构。

考虑到施工问题，且因为屋顶下面还有房屋在，所以采用预制装配的重木结构搭建屋顶的结构骨架。这种重木结构，应用的是集成木材，材料强度高、不变形，还环保防火。设计屋顶的胶合木结构时，要综合考虑建筑高度、当地气候条件和抗震设防标准，让结构的平面布局简单又规整，受力更合理，增强抗震性能。这样一来，木屋顶的安全性有了保障，也更经久耐用。

从历史照片来看，屋顶的造型较为复杂，有八角凉亭、老虎窗，还有连接后楼的屋顶部分。为了让屋顶结构更科学合理，修缮团队多次调整结构的空间布置模型，配合建筑设计优化结构构件与传力路径：减少了部分横向梁构件；新增部分木柱和部分纵向梁、木支撑，新增加的这些东西不会对屋顶内部的建筑布局产生影响；加深了木格栅；增设了部分木格栅横撑。经过深化设计，木屋顶的结构安全性达到了《木结构设计标准》

建筑局部立面图

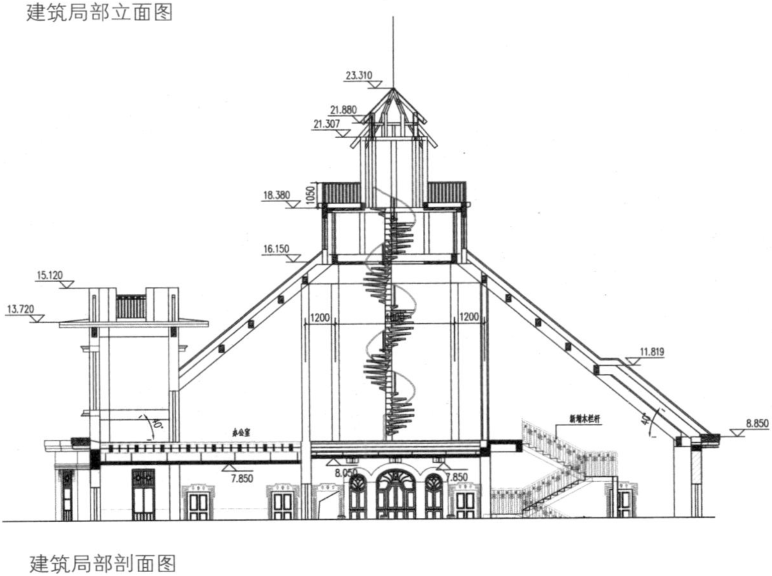

建筑局部剖面图

木构件节点做法

屋顶木屋架施工实景

老虎窗节点做法

段祺瑞公馆屋顶

段祺瑞公馆俯拍

屋顶内景

（GB50005—2017）的要求。

段祺瑞公馆坡屋顶的复原工作，在造型、结构和材料选用上都经过了多轮专家会议反复研讨，专家们仔细考量后才确定方案并开始施工。如今，复原后的屋顶和旧居的主体建筑相得益彰，完美重现了段祺瑞公馆原本的历史风貌，也准确展现出设计师想要还原历史的意图。大屋顶上原有一个八角凉亭。原有的亭子有照片可供参考，但是也仅限于外观。历史照片大多距离比较远，也不是很清晰，里面的原有的式样是怎么样的，不能很确切地了解。段祺瑞公馆重修后的旋转楼梯，以黑色金属打造盘旋结构，线条利落。搭配木质台阶，与建筑内原木梁架呼应，复古又精致，成为空间里灵动的视觉焦点，既保留历史韵味，又增添现代设计美感，穿梭其间，能感受时空交融的独特氛围 。以旋转楼梯作为背景拍照，不同的视角都很出片。旋转楼梯一直通向建筑的最高点，在顶上的小亭子的八面开了八扇窗子，可以透过玻璃窗俯瞰外面的景色。新采用的结构和材料清晰可辨，既保留了历史韵味，又体现了现代工艺的创新。

（三）主附楼之间增加连接体

如前文所述，段祺瑞公馆因为几度易主，疏于保护，又遭遇唐山大地震，所以附楼等是后来翻建的，并不属于文物本体。

八角塔楼

1925年溥仪与婉容、溥杰、庄士敦等人在天津“张园”院中合影，背景处建筑即段祺瑞公馆，屋顶的八角塔楼清晰可见

旋转楼梯

通往屋顶八角塔楼的旋转楼梯，如今已成为新的打卡点

但附楼结构体系仍具有一定的利用价值，所以在原有结构体系的基础上进行改建。

修缮工程负责人发现原有的主楼和附楼之间的交通联系不是很方便，于是就在主楼大楼梯背后做了一个现代化的玻璃连接体。白天，附楼建筑为主体建筑的背景；夜晚，当灯光亮起，建筑玻璃透光的部分显现，坡屋顶的形式以群体化的方式展现。

同时将附楼局部挖空，做成共享空间，将从前很少有人注意到的主楼大楼梯背后漂亮的大玻璃窗展示出来。通过连

段祺瑞公馆主附楼之间玻璃连接体效果图

玻璃连接体外景（侯鑫、武润宇 摄）

玻璃连接体

接体两侧的楼梯、电梯将主楼和附楼不同标高的楼层连接起来，同时也满足了消防疏散的要求。此外，玻璃连接体也满足了文物保护工程中对可识别性和可逆性的要求。

（四）改善建筑天然采光策略

主楼建筑屋顶原样修复为四坡盝顶，顶层有几个小型老虎窗，导致盝顶下部空间采光环境与通风环境较差。在不影响历

主附楼之间的东侧通道

为方便游客而新增的电梯

史建筑风貌的前提下，在屋顶下部一圈以及顶部开设窗户，利用“拔风效应”增强自然通风，同时又能提升三层的自然采光。

针对原有建筑中部采光状况较差的问题，加开侧向高窗，增设主楼与附楼之间的中庭天窗，从而增大采光面积。

中庭天窗可以有效地改善室内的光环境，同时天窗增加可

段祺瑞公馆效果图

玻璃窗

开启窗扇，不仅可以引入天然采光，并且可以促进自然通风。

经过改造，段祺瑞公馆主楼中庭部分的采光状况有显著改善，但其余部分天然采光仍不足，由于不能大幅度改建，因此采用人工照明进行补充。

（五）改善建筑自然通风策略

为加强既有建筑与新建屋顶形式的一致性，玻璃中庭屋顶也设置为坡屋顶。原建筑强调竖向线条的立面分割，因此对建筑中庭进行了竖向分割设计。

在天窗底部窗户的部分长格子中，设置可开启窗扇，形成送风口，利用坡屋顶的倾斜角度，设置了阶梯状的可开启上斜式屋顶天窗，既可从侧窗带来更好的通风效果，获得更大的通风面积，又能兼顾屋顶遮阳，并使用无线智能化控制电动窗帘和雨水感应装置。

（六）装修装饰工程

在近百年来，段氏旧居除主楼屋顶被拆除改建外，建筑外

天窗开启方式

檐局部亦经过多次改造。如把部分外廊封闭为房间，拆除了次入口外的台阶，对外檐柱子、墙体做过多次粉刷，封闭了面向河南路的次入口等。

此次修缮用高压水枪清除了涂敷在外墙和柱子上的涂料，恢复了原有的青砖清水墙面和水刷石柱子。高压水枪能把表面的涂料瞬间剥离，却不会伤及建筑本体。主楼主入口地面的“洋灰”花砖破损比较严重。修复时，按块对花砖残片进行揭除、清洗，重新拼合后在背面涂胶固定，再回贴至地面。修缮者总是想保留尽量多的历史信息，一砖一瓦包括木料，只要破损不严重，修一修都可以接着用。

内外檐木作，包括门窗、护墙板、楼梯、木地板，缺失的予以补配，现存的都在脱漆后重新涂刷了木蜡油。

天花板原来的顶子年久失修，风吹雨淋，或多或少有所损毁。比如一层西面的房子因为漏雨而垮塌，顶部可见外部天空。修复时考虑到安全使用的原则，局部进行了混凝土梁的浇筑，对所有天花板都进行了重做，仅仅保留了个别原始屋顶。顶棚花饰先详细记录原始花饰的形式和尺寸，再待顶棚板条抹灰施工完毕后按照原始记录进行复刻。按照原有的风格进行了石膏线的复原和仿制。

对于五金件及铁艺工程，需保留的五金件及铁艺，施工前进行保护性拆除，并采用去污试剂进行清理。清理完毕后

青砖清水墙面

水刷石柱子

入口地面的“洋灰”花砖

经过脱漆、修复后的室内木作

津门文人折扇艺术传承人、文博爱好者唐文权先生

整体进行防锈处理，并按照原始效果进行饰面加固，恢复其原真性；破损或丢失部分，严格按照原始的材质、式样和工艺进行加工定制。确保文物整体的统一性及真实性。

唐文权先生介绍说：“改为教师进修学院的时候，因为需要教室，把每个屋之间的推拉门都给封死了，要不它都没有一面墙能挂黑板。这次对原来的门洞进行了恢复。打开一看，嘿！原来那大门还在里头呢，不是把门卸下去再封的，而是直接拿砖把门给砌里头了。看似简单粗暴，其实倒对了，要是把门卸下去扔了，这门还不好配呢。打开一看，原来的门就在里边，蛮好！”

修复后的推拉门

此外，为满足安全及使用要求，修缮工程还进行了设备提升改造，安装了多联机空调，设置了洗手间，更新了上下水管道与电气线路，增加了消防水池和喷淋设施，以及一部室外疏散楼梯。

在岁月的长河中静静伫立的段祺瑞公馆，承载着深厚的历史记忆与文化底蕴。此次，历经精心筹备与专业修缮改造，这座饱经沧桑的建筑宛如凤凰涅槃，焕发出全新的活力与光彩。

修缮团队以对历史的敬畏之心和精湛的专业技艺，深入研究段祺瑞公馆的历史风貌与建筑特色。从建筑外观的砖石修复，到内部空间的布局优化，每一处细节都经过反复考量与雕琢。在保留原有建筑结构与风格的基础上，巧妙融入现代功能与元素，使其既延续了历史的脉络，又能满足当下多样化的使用需求。

很多老专家认为，文物建筑修好了就应该放在那儿，别动也别用，我们很理解他们这种把文物视若珍宝的心情，但其实咱们国家是提倡文物合理利用的，毕竟我们的文物建筑不断增加，这么多老房子一直空着很容易坏，利用起来其实也是一种保护。

如今，改造后的段祺瑞公馆不再只是一座沉默的历史遗迹，而是以多元的姿态融入现代生活。段祺瑞公馆的成功蜕变，为天津乃至全国的近现代文物建筑活化利用提供了宝贵的经验。

灯池

原始铁艺

保留了早期封闭外廊的门、窗，体现出“殖民地式”租界建筑落地中国后为适应气候所做出的变化

为防火安全考虑而新增的室外疏散楼梯

修复后的北侧大窗及实木楼梯

修复后的弧面窗

它向人们证明，历史文物建筑并非只能束之高阁，通过科学合理的修缮与创新利用，完全可以在现代社会中重获新生，成为连接过去与未来的文化桥梁。

sunac
Lenovo

段祺瑞公馆

参考文献
References

[1] 徐海 . 段祺瑞传 [M]. 长春 : 吉林大学出版社 ,2010.

[2] 彭秀良 . 段祺瑞传 [M]. 北京 : 中华书局 ,2015.

[3] 胡晓 . 段祺瑞年谱 [M]. 合肥 : 安徽大学出版社 ,2007.

[4] 吴廷燮 , 濑江浊物 . 段祺瑞年谱 吴佩孚正传 [M]. 北京 : 中华书局 ,2007.

[5] 邓汉祥 , 曾毓隽 . 我所知道的段祺瑞 [M]. 北京 : 中国文史出版社 ,2018.

[6] 文斐 . 我所知道的“北洋三杰”王士珍 段祺瑞 冯国璋 [M]. 北京 : 中国文史出版社 ,2004.

[7] 李洁 .1912—1928: 文武北洋 : 枭雄篇 [M]. 杭州 : 浙江人民出版社 ,2012.

[8] 李庆东 . 段祺瑞幕府与幕僚 [M]. 杭州 : 浙江文艺出版社 ,2010.

[9] 朱晓艳 . 民国十大军阀 [M]. 北京 : 台海出版社 ,2013.

[10] 余耀华 . 民国那段日子 [M]. 北京 : 中国工人出版社 ,2015.

[11] 余耀华 . 民国太疯狂 [M]. 北京 : 中国广播电视出版社 ,2013.

[12] 陶菊隐 . 武夫当权 : 督军团传 [M]. 北京 : 群言出版社 ,2015.

[13] 杨帆 . 中国近代军阀的最后结局 [M]. 北京 : 团结出版社 ,2022.

[14] 唐德刚 . 段祺瑞政权 [M]. 桂林 : 广西师范大学出版社 ,2015.

[15]《老照片》编辑部 . 名人身影 [M]. 济南 : 山东画报出版社 ,2018.

[16] 禅心初 . 北洋党梦录 . 皖系军阀卷 [M]. 桂林 : 广西师范大学出版社 ,2020.

[17] 赵焰 .1916—1928 年的中国 [M]. 北京 : 东方出版社 ,2019.

[18] 杨英健 . 民国就是这么当官 [M]. 北京 : 中共党史出版社 ,2013.

[19] 郭娟利 , 苗展堂 , 何捷 , 等 . 历史风貌建筑的生态节能更新与再利用策略研究 : 以天津段祺瑞故居为例 [J]. 动感 (生态城市与绿色建筑), 2016, (04): 78–82.

[20] 肖亮 , 路博宇 , 张威 . 胶合木及胶合木结构在“历史建筑”修缮工程中的应用研究 [J]. 世界建筑 , 2025, (02): 94–99.

[21] 李星魁 , 张威 , 肖亮 . 既有城市住区中文物建筑的绿色改造 : 以天津段祺瑞旧居为例 [J]. 城市环境设计 , 2023, (03): 392–394.

[22] 张经纬 . BIM 技术在近代历史风貌建筑保护修缮中的应用研究 [D]. 天津大学 , 2018.

段祺瑞大事年表

Major Events in the Life of Duan Qirui

1865 年 3 月 6 日 出生于安徽省六安。

1870 年 随务农的父亲段从文迁居合肥西乡城西桥大陶岗。

1872 年 随祖父段佩在宿迁军中读书。

1879 年 4 月 祖父段佩去世，回到家乡。

1881 年 投奔在山东威海任管带的族叔段从德。

1882 年 10 月 父亲段从文到威海看望他的归途中被盗贼所害。

1883 年 5 月 母亲范氏因为哀痛过度，不幸亡故。

1885 年 以优异成绩考入北洋武备学堂炮兵科。

1886 年 与吴懋伟之女吴氏结婚。

1887 年 从武备学堂毕业，被派往旅顺监修炮台。

1888 年冬 入选公派留学名单，赴德国学习军事。

1889 年春 进入柏林军校。

1890 年秋 学成回国，奉派为北洋军械局委员。

1891 年 调到威海随营武备学堂任教习。

1896 年初 随袁世凯到天津小站编练新军，担任炮队统带。

1899 年 随任山东巡抚的袁世凯赴山东镇压义和团，统带炮队，并总办随营学堂。

1900 年 5 月 8 日 夫人吴氏病逝于济南。

1901 年 5 月 31 日 续娶张佩蘅，由袁世凯主婚。

1902 年 6 月 担任北洋军政司参谋处总办，负责编练北洋常备军，不久升为补用道员。因镇压景廷宾起义“有功”，被赏戴花翎，加勇号。

1903 年 12 月 清廷成立练兵处，受会办大臣袁世凯保荐，成为练兵处军令司正使，并加副都统衔。

1911 年 10 月 武昌起义爆发，奉袁世凯之命入京，任第二军军统，前往湖北镇压革命。

1912 年初 率北洋将领五十人两次致电清廷，要求取消帝制，宣布共和。

1913 年 一度代理国务总理 调兵镇压孙中山等发动的“二次革命”。后署理湖北都督，兼领河南都督，调集军队数万人，镇压白朗起义。

1915 年 5 月 称病辞职。

1916 年 3 月 在袁世凯取消帝制后出任参谋总长，后接替徐世昌为国务卿兼陆军总长。

1916 年 6 月 袁世凯死后，以国务总理之职掌握北京政府大权。

1917 年 4 月 组成“督军团’向黎元洪和国会施加压力，坚决主张对德宣战。

1917 年 5 月 23 日 被免去国务总理职务。

1917 年 7 月 3 日 在天津附近的马厂誓师，宣布讨伐复辟的张勋。14 日进入北京，重掌政权，任国务总理兼陆军总长。

1917 年 8 月 14 日 对德国宣战。

1917 年 11 月 辞国务总理和陆军总长职务。

1917 年 12 月 8 日 被任命为“参战督办”。

1918 年 3 月 23 日 复任国务总理，推行“武力统一”政策，与南方护法军政府开战。

1919 年 五四运动爆发，主张镇压学生运动和在《凡尔赛和约》上签字。

1920 年 7 月 直皖战争爆发，皖系战败后宣布下野。

1921 年 移居天津日租界。

1924 年 10 月 冯玉祥发动北京政变，推段祺瑞为“中华民国临时执政”。

1926 年 3 月 18 日 段祺瑞执政府卫队镇压学生请愿，酿成三一八惨案。

1926 年 4 月 20 日 被迫下台。

1926 年 5 月 避居天津日租界。

1931 年 九一八事变后拒绝日本拉拢。

1933 年 1 月 在南京国民政府“迎段南下”邀请下，离开天津，移居上海。

1935 年 被任命为国民政府委员，未就职。

1936 年 11 月 2 日 因胃病恶化导致严重出血去世，终年 72 岁（实岁 71 岁）。